Elizabeth Wurtzel
Der Schlampen-Knigge

SERIE PIPER

Zu diesem Buch

»Jeder Mensch gilt in dieser Welt nur so viel, als wozu er sich macht«, schrieb schon Freiherr von Knigge vor über zweihundert Jahren. Das hat bis heute nichts an Aktualität verloren. Nun folgt endlich der von Frauenhand verfaßte Knigge für freche Frauen, eilige Mütter und Busineß-Ladies: Nicht den Abwasch nach der Dinnerparty machen – warten, bis die Männer helfen! Genieße die Jahre als Single! Folge deinen Sehnsüchten, und sei nicht brav! Elizabeth Wurtzel erzählt vom richtigen Umgang mit sich selbst und anderen, und sie macht Lust darauf, den eigenen Kopf zu benutzen. Ein solider Ratgeber für die großen und kleinen Fragen im Leben unsolider Frauen.

Elizabeth Wurtzel, geboren 1968, hat in Harvard studiert und wurde 1986 mit dem Rolling Stone Award für Journalismus ausgezeichnet. 1994 erschien auf deutsch ihr USA-Bestseller »Verdammte schöne Welt« und 1999 »Bitch. Ein Loblied auf gefährliche Frauen«. Sie ist bekannt für provozierenden Journalismus und freche Bücher.

Elizabeth Wurtzel
Der Schlampen-Knigge

Aus dem Amerikanischen von
Klaus Timmermann und Ulrike Wasel

Piper München Zürich

Deutsche Erstausgabe
November 2001 (SP 3437)
September 2003
© 2000 Elizabeth Wurtzel
Titel der amerikanischen Originalausgabe:
»The Bitch Rules«, Quartet Books, London 2000
© der deutschsprachigen Ausgabe:
2001 Piper Verlag GmbH, München
Umschlag: ZERO, München
Foto Umschlagvorderseite: ZEFA/Scheibe
Foto Umschlagrückseite: David Vance
Gesamtherstellung: Clausen & Bosse, Leck
Printed in Germany   ISBN 3-492-26071-3

www.piper.de

INHALT

Einleitung: Das Geheimnis des Lebens	9
Fragen Sie	15
Verzichten Sie nie aufs Dessert	19
Räumen Sie nie nach einem Abendessen den Tisch ab, es sei denn, auch die Männer stehen auf, um mitzuhelfen	23
Haben Sie eigene Standpunkte	27
Seien Sie hinreißend	31
Tragen Sie Levi's 501	41
Halten Sie sich Haustiere	45
Retten Sie sich selbst	51
Nutzen Sie sämtliche verfügbaren Ressourcen	57
Lassen Sie eine Putzhilfe kommen, so oft Sie es sich leisten können	63
Seien Sie berufstätig, verdienen Sie Ihr eigenes Geld, und stehen Sie finanziell auf eigenen Füßen	67
Frönen Sie dem Fanatismus	73
Schauen Sie sich viele Filme an	83
Versuchen Sie mitzukriegen, was in den Kids vor sich geht	89

Meiden Sie unbehagliche Situationen	95
Reisen Sie mit leichtem Gepäck	99
Wenn es die wahre Liebe ist, sind keine Regeln zu beachten	103
Es spielt keine Rolle, wann Sie das erste Mal mit jemandem schlafen, aber Sie sollten *wirklich* bereit sein	109
Achten Sie stets darauf, wie Sie sich fühlen, nicht darauf, wie er sich fühlt	113
Versuchen Sie nicht, mit Ihrem Ex befreundet zu bleiben	117
Gönnen Sie sich Ihren gerechten Zorn	121
Die einzige Art, jemanden aus dem Kopf zu kriegen, ist die, jemand anderen ins Bett zu kriegen	127
Tun Sie nichts	131
Wenn nichts mehr geht, sprechen Sie mit Gott	139
Denken Sie produktiv	145
Genießen Sie Ihre Jahre als Single	151
Aber kommen Sie irgendwann zur Ruhe	161
Alles ist möglich	173
Danksagung	176

Für Miss Mabis Chase, Christine Fasano,
Roberta Feldman, Jody Friedman
und Sharon Meers – *semper fidelis*

Emancipate yourself from mental slavery
Bob Marley, »Redemption Song»

Einleitung: Das Geheimnis des Lebens

▪

I went to the doctor, I went to the mountains
I looked to the children, I drank from the fountain
There's more than one answer to these questions pointing me in a crooked line
The less I seek my source for some definitive
The closer I am to fine

                       Emily Saliers, »Closer to Fine«

■

Ich bin nicht gerade ein glücklicher Mensch. Nein, ich würde sogar sagen, daß im ständigen Kampf zwischen Freude und Elend häufig letzteres den Sieg davonzutragen scheint. Das gefällt mir nicht, und jeden Tag wehre ich mich zum achtzigmillionsten Mal dagegen, mich noch eine Minute länger damit abzufinden. Doch die Welt ist, wie sie ist, und häufig finde ich sie unangenehm. Nach all den Jahren habe ich mich mehr oder weniger daran gewöhnt.

Eines jedoch spricht für mich: Ich habe einen ungemein starken Glauben. Und eine ebenso starke Hoffnung. Ich rede jetzt nicht von dem Glauben im religiösen Sinne, wie man ihn in Kirchen findet oder in der Vorstellung von einem Leben nach dem Tod und vom Himmelreich oder in der Bibel oder bei den Hare Krischnas, denen wir alle schon mal in irgendeinem Flughafen dieser Welt über den Weg gelaufen sind. Ich spreche von dem schlichten Glauben, daß das Leben, ganz gleich, wie oft ich stolpere und mir den großen Zeh stoße, schon irgendwie von alleine läuft.

In diesem Buch geht es also um Fehler. Ja, es ist genaugenommen ein *Loblied* auf Fehler. Wir alle machen viele Fehler. Machen Sie sie ruhig bei jeder sich bietenden Gelegenheit, und wenn Sie welche machen, behaupten Sie bloß niemals, Sie hätten daraus etwas gelernt. Verbuchen Sie einen Fehler nie als eine heilsame Lehre oder nützliche Erfahrung oder als sonst irgendeinen anderen banalen, abgedroschenen Schwachsinn. Genießen Sie Ihre Idiotie, vergießen Sie ein paar Tränen darüber, und suhlen Sie sich darin, und freuen Sie sich, daß Sie zu den Glücklichen zählen, die sich ab und an blöd verhalten, rumhängen und sich danebenbenehmen, weil das nun mal so ist und einfach zum Leben dazugehört.

Und es gibt sehr viel schlimmere Dinge als Fehler. Es gibt Wichtigtuerei und Blasiertheit und Arroganz und all die anderen Charakterzüge, die mit *Glauben* einhergehen. Glauben ist im Prinzip etwas Gutes, aber bei Menschen ein Ärgernis. Der Glaube, den ich meine, ist etwas viel Besseres und für Menschen geeignet, die nicht vom Glauben besessen sind. Zur Erklärung: Menschen, die *glauben*, spazieren mit einer Zuversicht und Unbeschwertheit umher, für die sie meiner Meinung nach (und die ist immer richtig) stante pede erschossen gehören. Sie laufen voller Glauben durchs Leben, in dem *Wissen*, daß sie diesen Superjob kriegen werden, in dem *Wissen*, daß sie nach irgendeinem perfekten und vorherbestimmten Plan diesen Supermann kennenlernen und heiraten werden, in dem *Wissen*, daß sie eine Wohnung auf der Sonnenseite der Straße bekommen werden, die mit den hohen Decken, dem Erker und dem Marmorbad und den geschmackvollen Stuckarbeiten – für die Hälfte des üblichen Preises, ohne Problem. Sie *wissen*, daß sie im Lotto gewinnen werden, sie *wissen*, daß sie am Valentinstag immer ein Rendezvous haben werden – und daß dabei ganz sicher dutzendweise langstielige Rosen und ein erlesenes Diner mit Filet Mignon für sie herausspringen – und sie *wissen*, daß sie mit an Sicherheit grenzender Wahrscheinlichkeit glücklich sein werden, sogar an Silvester.

Solche Leute sind wirklich unerträglich.

Verstehen Sie mich nicht falsch: Vielleicht hört sich das Leben der wahren Gläubigen ziemlich angenehm an. Ich meine, schließlich ist es nett, am 14. Februar niemals um Liebe verlegen zu sein, jahraus, jahrein. Nichts liegt mir ferner, als das bestreiten zu wollen. Aber wir wissen doch alle, daß das Leben nicht für jeden so läuft, und die Menschen, bei denen es tatsächlich so läuft, kriegen früher oder später auch ihr Fett weg – in Form von drogenabhängigen Kindern oder widerwärtigen Schwiegereltern oder Gefängnisstrafen wegen Steuerhinterziehung aufgrund der Annahme, daß sie sich nicht an die Regeln halten müssen, weil sie glauben, Gott auf ihrer Seite zu haben.

Solche Menschen enden wie Fernsehprediger, sie enden wie Jim und Tammy Faye Bakker – er im Gefängnis und schwul, sie Tag für Tag mit dicker Make-up-Paste im Gesicht, die mehr wiegt als die meisten Supermodels –, weil sie nun mal nicht glauben wollen, daß böse Dinge je ihren Schatten auf sie werfen können, und weil sie damit arg falsch liegen. Jeder einzelne von diesen Menschen ist ungemein nervtötend, und in geballter

Form sind sie beängstigender, als bei einem Marilyn-Manson-Konzert direkt vor der Bühne im Moshpit zu stehen.

Man kann froh sein, nicht einer von denen zu sein. Glauben Sie mir.

Und seien Sie zuversichtlich. Bewahren Sie sich die Zuversicht, daß Sie irgendwann im Laufe Ihres Lebens all die Freuden erfahren werden, auf die Sie hoffen, die Sie sich wünschen, nach denen Sie sich sehnen, die Dinge, an die Sie jedesmal denken, wenn Sie Ihre Geburtstagskerzen auspusten, die Träume, die Sie sich jedesmal ausmalen, wenn Sie eine Sternschnuppe sehen, oder sogar jedesmal, wenn Sie einen einfachen, einsamen, gewöhnlichen, hübschen Stern erblicken, der da ganz allein am Himmel strahlt, so ruhig und friedlich und hell.

Wahrscheinlich wünsche ich mir im großen und ganzen die gleichen Dinge wie alle anderen. Da wir nun mal Menschen sind, wünschen wir uns irgendwie auch die gleichen Dinge: lieben und geliebt werden und den ganzen Kram. Und ich glaube, daß ich mit den Regeln, die ich hier darlege, das Geheimnis des Lebens gefunden habe.

Allerdings muß ich vorausschicken, daß ich mich selbst nicht immer an meine eigenen Ratschläge halte. Tatsächlich baue ich andauernd Mist. Ja, ich scheitere elendiglich, was vielleicht der Grund dafür ist, daß ich oft unglücklich bin. Natürlich habe ich keine Probleme damit, Levi's 501 zu tragen oder Haustiere zu halten oder mir zu viele Filme anzugucken, aber es ist gar nicht so einfach, keine Freunde anzurufen, nach denen ich mitten in der Nacht Sehnsucht bekomme, oder mich nicht zu fragen, ob ich je dem Typen begegnen werde, der mich nicht in den Wahnsinn oder zur Verzweiflung oder in noch schlimmere Zustände treibt.

Aber ich kann richtig von falsch unterscheiden. Es gibt ein paar schlichte Tatsachen, von den ich weiß, daß sie wahr sind: Ich weiß, daß ich nach dem übermäßigen Konsum von Drogen nie irgendwo anders gelandet bin als im Keller irgendeiner Kirche mit zig Fremden, wo man hundsmiserablen Kaffee trinkt und am Ende sagt, danke, daß ich bei euch sein durfte. Ich weiß, daß der Versuch, mit Expartnern befreundet zu bleiben, bestenfalls nervenaufreibend und schlimmstenfalls selbstzerstörerisch ist. Ich weiß, daß ich mich sehr viel besser fühle, wenn ich lange, gemütliche Gespräche mit Gott über die Grundfragen meines Lebens führe und warum es nicht ganz so läuft, wie ich mir das wünsche. Ich weiß, daß ich immer mein Bestes gebe, und so bescheuert das auch klingen mag, ich weiß, daß das gut genug ist.

Und ich habe jede Menge Zuversicht in mir. Die einzigen Ratschläge, die ich geben kann, sind im Grunde nur ein paar Tips, wie man sich so einigermaßen durchwursteln kann. Alles übrige ist Ihr eigenes Chaos, das Sie bewältigen und genießen sollten. Ich hoffe, es macht Ihnen Spaß. Denn letztendlich liegt das einzig wahre Geheimnis des Lebens darin, Spaß zu haben.

Fragen Sie

■

People have the power
The power to dream/to rule
to wrestle the earth from fools

                Patti Smith, »People Have the Power«

■

Fragen Sie. Das ist das Wesentliche im Leben. Das ist der einzige Grund, morgens aus dem Bett zu steigen (außer bei Harvey Nichols sind die Schuhe runtergesetzt oder man hat eine höchst interessante Verabredung zum Mittagessen). Jeder Tag bietet eine neue Gelegenheit, mehr Fragen zu stellen und dann zu schauen, was passiert. Wenn Sie schon sonst nichts mit Ihrem Tag anfangen, dann stellen Sie zumindest viele Erkundigungen an, und haben Sie keine Scheu, gute und befriedigende Antworten von den maßgeblichen Stellen zu verlangen, oder einfach nur von einem leicht nervösen Menschen, der durch Ihre Unverblümtheit verunsichert wird. Seien Sie bei solchen Menschen besonders fordernd: Gerade die sind es, die Ihnen im Weg stehen, absichtlich oder nicht. Man kann mit Fug und Recht behaupten, daß die ganze Welt, ob nun bewußt oder nicht, es darauf anlegt, Sie ruhig zu halten; lassen Sie sich auf dieses Spiel gar nicht erst ein.

Das heißt nicht, daß Sie sich wie eine Landplage oder öffentliche Bedrohung aufführen sollen – ich will damit nur sagen, daß es wichtig ist, sich zu wundern, und daß man das mitunter auch laut tun sollte. Das heißt nicht, daß Sie wie verrückt vor sich hinplappernd durchs Leben gehen sollten, aber wenn Ihnen irgendwas völlig falsch erscheint, oder besser, wenn Ihnen irgendwas genau richtig erscheint, dann lassen Sie diesen Moment nicht einfach verstreichen, unbemerkt und flüchtig. Ich denke, im Grunde will ich damit nur so etwas sagen wie *nutze den Tag*, nur eben ein bißchen phantasievoller.

Wenn Sie keine Fragen stellen, werden Sie nichts erfahren. Sie werden nie wissen, ob Sie diesen tollen Job hätten kriegen können oder ob dieser eine Typ noch solo war oder nach wem die Rockgruppe Tesla benannt wurde (es war irgendein Wissenschaftler). Sie werden nie erfahren, wo der Unterschied zwischen einem Wapiti, einem Elch, einem Hirsch und einem Rentier liegt (vor allem in Größe und Geweih), oder was das Wort debauchieren bedeutet (schlagen Sie's nach). Sie werden nie erfahren, ob Freuds Theorien bedeutsamer waren als die von Marx oder ob Einsteins Ideen nicht sogar die der beiden übertreffen (umstritten). Sie werden hirntot durchs Leben gehen und sich fragen, warum sich bei Ihnen außer dem alltäglichen Einerlei nie etwas abspielt.

Die tollste Party der Welt, die so richtig wild und ausgelassen ist, wo all die glücklichen und schönen Menschen sind – die Party, zu der wir, davon sind wir überzeugt, nicht eingeladen worden sind und die, das spüren wir genau, just in diesem Augenblick abgeht, gleich nebenan, in Hörweite: Sie werden nie herausfinden, wie

Sie diese Party ausfindig machen, wie Sie hinkommen, mit welchem Spruch Sie reinkommen, was Sie tun sollen, wenn Sie erst drin sind. Sie werden alles verpassen, bloß weil Sie vor lauter Angst nicht gefragt haben.

Neugierige Menschen sind nicht immer die glücklichsten Menschen, aber sie langweilen sich nie. Das sind die Leute, die sich die Wartezeit beim Straßenverkehrsamt damit vertreiben, daß sie sich von der Person vor sich in der Schlange die ganze Lebensgeschichte erzählen lassen, und das sind die Frauen, die die Männer, die sie dann später heiraten, auf einem Interkontinentalflug kennenlernen oder wenn sie aus dem Kino kommen oder irgendwo, wo Menschen sich angeblich kennenlernen, wo das aber immer nur den ganz mutigen und leicht verrückten passiert. Andauernd verlieben sich Menschen in Frauen, die viele Fragen stellen, weil neugierige Frauen sich mit dem, was sie wissen, so wohl fühlen, daß sie zugeben können, was sie nicht wissen – und weil sie häufig provokativ sind, was immer erotisch ist.

Verzichten Sie nie aufs Dessert

∎

Wenn ich nicht zu viele Trüffel haben kann,
will ich gar keine Trüffel.

Colette

■

    Ich habe den Traum, daß ich eines Tages eine Tochter haben werde, die glaubt, daß sie essen kann, was sie will, wann sie es will, ohne sich Sorgen machen zu müssen wegen ihrer Hüften, ihres Bauchs, ihres Hinterns oder wegen der schwabbeligen Fledermausarme, die manche Frauen in mittleren Jahren bekommen. Vielleicht wird sie nicht mal mehr das Wort Cellulitis kennen.

Ist das zuviel gehofft? Ich denke nicht. Aber bis dahin können Frauen sich standhaft weigern, die Vorstellung zu akzeptieren, daß Essen der Feind ist. Wir können uns alle der Schokoladenkuchenrevolution anschließen (bislang bin ich die einzige Anhängerin) und das wieder lieben lernen, was lecker ist. Tatsache ist, wenn man wirklich das ißt, was man will, und dreimal die Woche Sport treibt, müßte es einem gut gehen, sagen die Fachleute. Mir scheint, die ganze widerwärtige Diätkultur ist nur eine weitere Möglichkeit, Frauen zerbrechlicher und schwächer zu machen – damit wir *weniger* werden, im wahrsten Sinne des Wortes. Das hungernde Selbst symbolisiert eine geringer werdende Person, und wir sollten uns doch darum bemühen, *mehr* zu sein, mehr Kraft und Muskulatur und innere Entschlossenheit zu haben. Genau das geschieht, wenn wir Fitneß machen oder sonstwie Sport treiben, und genau das verlieren wir, wenn wir mit einem ständigen Hungergefühl leben.

Models müssen zwar außerordentlich dünn sein, um Kleidung richtig zur Geltung zu bringen – aus der Sicht der Designer heißt das, je mehr Models sich optisch einem Kleiderbügel annähern, desto besser fällt das Kleid –, doch die meisten von uns müssen sich keine Gedanken darum machen, wie sie auf dem Laufsteg oder auf Modefotos aussehen würden. Diejenigen unter uns, die nicht Naomi, Kate, Christy oder Cindy sind, müssen runter von ihren imaginären Laufstegen und wieder rein in das Land aus Fleisch und Blut, je eher desto besser. Die meisten von uns brauchen sich nur darum zu kümmern, wie wir im wirklichen Leben aussehen, und dieses Leben ist nicht statisch, sondern da machen Vitalität und Expressivität einen Großteil unserer Attraktivität aus. Der erste Schritt dahin, sich zu einer derartigen lebendigen, atmenden Schönheit zu entwickeln, ist der, unsere Buttercremetorte und den Käsekuchen mit vollem Genuß zu essen, den Nachtisch so zu schlemmen, wie man meint, daß man ihn sich verdient hat.

Männer finden das übrigens äußerst anziehend, im Gegensatz zu Eßstörungen, die mit Erbrechen einhergehen und die kein Schwein anziehend findet.

Räumen Sie nie nach einem Abendessen den Tisch ab, es sei denn, auch die Männer stehen auf, um mitzuhelfen

■

Eleganz ist Verweigerung.

Coco Chanel

■

Sie kennen das. Da versuchen Freunde, mal häuslich zu sein und sich wie Erwachsene zu benehmen, indem sie ganz viele Menschen zu sich nach Hause zum Essen einladen. Unweigerlich ist das Risotto pappig, der Lachs zerkocht, die Dillsauce versalzen (nicht fragen), im Salat sind zu wenig Tomaten und zuviel Endivie – aber natürlich ist der gute Wille das einzige, was zählt. Man fühlt sich vorübergehend so gereift, wie die eigenen Eltern das in dem Alter waren – ohne sich so *festgefahren* zu fühlen, wie sie sich in fast jedem Alter gefühlt haben. Und um seine Dankbarkeit und gute Kinderstube zu demonstrieren, stehen Sie und andere zwischen den Gängen auf, um abzuräumen und beim Spülen zu helfen, weil man das nun mal so macht.

Nun weiß ich zufällig aus gut unterrichteten Kreisen, alles Menschen, die sich mit Etikette auskennen, daß man, wenn man irgendwo eingeladen ist, nicht nur keine Hilfe anbieten muß, sondern den Gastgebern sogar alle Aufräumarbeiten nach dem Essen überlassen *sollte*. Da diese guten Manieren jedoch aus einer Zeit stammen, als man noch das Vorhandensein von Butlern und Dienstmädchen voraussetzte – ebenso wie eine gewisse Gegenseitigkeit, sprich, die selbstverständliche Annahme, daß sämtliche Beteiligten willens und in der Lage wären, ein passables Mahl zuzubereiten, um es gemeinsam mit anderen einzunehmen –, ist es vermutlich akzeptabel und wünschenswert, beim Aufräumen zu helfen.

Aber *nicht*, wenn die Männer es nicht tun. Aufräumarbeiten sollten nicht nur einem Geschlecht vorbehalten bleiben.

Möchten Sie wissen, wie Sie die Welt verändern können, mit jedem Abendessen mehr? Durch ein Sit-in! Durch die Weigerung, hilfsbereit zu sein, wenn die Männer es nicht sind.

Bleiben Sie auf ihrem Stuhl, nehmen Sie noch ein paar Schlückchen Wein, genießen Sie die letzten Löffelchen von ihrem zartschmelzenden Orangen-Kumquat-Sorbet, und verweigern Sie einfach Ihre Teilnahme an einem Prozeß, der den Status quo aufrechterhält, in dem Frauen Männern dienen. Sie sollten auch dann einfach sitzenbleiben, wenn die Männer aufstehen, um den Tisch ab- und die Spülmaschine einzuräumen. Lassen Sie die Herren der Schöpfung einfach machen. Es ist ihr gutes Recht. Jahrtausendelang haben Frauen Männer bedient, und endlich, *endlich* hat der Wecker der Geschichte geklingelt. So ist das nun mal, und es kommt uns nicht zu, die Frage nach dem Warum zu stellen. Es ist an der Zeit, daß sie auch mal Spülhände kriegen.

Die Revolution beginnt in der Küche!

Haben Sie eigene Standpunkte

■

She has brought them to her senses

Joni Mitchell, »Cactus Tree«

■

Es ist keine schlechte Idee, über Geschehnisse außerhalb Ihres Liebeslebens und unmittelbaren Freundeskreises informiert zu sein und sich dazu eine eigenwillige Meinung zu bilden. Zum einen hat Ihr Verstand dadurch Besseres zu tun, als auf Exlover sauer zu sein und nach einem neuen zu suchen. Zum anderen ist eine Frau, die etwas von internationalen – oder auch nur nationalen – Angelegenheiten versteht, immer sexy. Wenn Sie irgendeinem dahergelaufenen, großmäuligen Mann auf einer Dinnerparty ganz ruhig erklären können, wieso er keinen blassen Schimmer davon hat, was auf dem Balkan eigentlich los ist – ohne dabei auch nur einmal die Stimme zu heben und so stets alle anderen dazu zwingen, sich ein bißchen näher zu Ihnen zu beugen, damit sie mitbekommen, was Sie zu sagen haben –, werden sich sämtliche Männer am Tisch Hals über Kopf in Sie verlieben.

Aber natürlich sollten Sie erhabenere Gründe dafür

haben, sich beispielsweise mit dem amerikanischen Wahlsystem oder mit Germaine Greers neuestem Kreuzzug auszukennen oder zu wissen, warum die Labour Party von ihrer wahren Mission abgekommen ist oder ob Rußland sich irgendwann wieder berappelt. Sie sollten nicht bloß aus flirt-taktischen Überlegungen gut informiert und sachkundig sein.

Wenn nämlich Ihre Erkenntnisse allesamt nur von Spickzetteln abgelesen oder den zufällig mit angehörten Gesprächen am Kaffeeautomaten im Büro nachgeplappert sind, kommt man Ihnen leider auf die Schliche. Es ist *sehr* leicht, einen Scharlatan zu erkennen. Irgendwie merken selbst diejenigen, die schlecht informiert und unaufgeklärt sind, ob alles nur Schall und Rauch ist oder ob Sie wirklich bewandert sind in dem tiefgründigen Thema, das Sie gerade zum Gegenstand Ihrer sachverständigen Analyse und Empörung machen wollen.

Wie man es schafft, sich für Politik und Wirtschaft zu interessieren, wenn man für dergleichen nicht viel übrig hat, weiß ich auch nicht. Vielleicht wäre es einfacher, sich auf die diesjährigen Oscar-Gewinner zu konzentrieren oder auf die Neuzugänge des letzten Jahres in die Rock 'n' Roll Hall of Fame. Wichtig ist jedenfalls: Ganz gleich, zu welchem Thema Sie sich eine Meinung bilden, Sie sollten die Fakten kennen, sonst kann es leicht passieren, daß Sie Ihr Publikum befremden, statt es aufzuklären.

Seien Sie hinreißend

■

Es gibt keine häßlichen Frauen, nur faule.

Helena Rubinstein

■

Soviel ist klar: Sie sind mit dem geboren, was Sie haben, und selbst die plastische Chirurgie kann daran nicht viel ändern (zu diesem Thema später mehr). Aber Sie *müssen* das absolut Beste aus dem machen, was Sie haben, Sie müssen alles daran setzen, sich der Welt als das köstlichste, verlockendste und am schönsten verpackte Paket zu präsentieren. Diese Regel gilt für Männer, Frauen, Teenager, Kinder, Kleinkinder und Säuglinge aller Altersstufen. (Für manche von uns trifft leider zu, daß wir als Kinder am besten gekleidet sind, weil wir in unseren ersten Lebensjahren mit goldigen kleinen Outfits von sensationell guter Qualität überhäuft werden, die wir als Erwachsene nie mehr bezahlen oder nachahmen könnten; aber so ist das nun mal.) *Hübsch* und *schön* mögen ja Eigenschaften sein, die wir nicht ohne ein bißchen Hilfe von oben kultivieren können, doch *hinreißend* ist tatsächlich kostenlos erhältlich.

Erläutern wir zunächst die Eigenschaft *hübsch* anhand von ein paar Beispielen. Hübsch, das ist eine sittsame Lieblichkeit, eine hoffnungslos erfrischende Qualität, eine süße, gesunde English-Rose-Ausstrahlung ohne die verstörende Wildheit und den Schrecken, den wahre Schönheit als Nebenwirkung verströmen kann. Hübsch ist goldig und warm: Ganz gleich, was Jennifer Aniston anstellt, sie wird immer das nette Mädchen von nebenan sein, sie ist einfach zu verdammt hübsch. (Daß Brad Pitt von Gwyneth Paltrow, die ätherisch und wie in Stein gemeißelt ist, zu jemanden mit einem so kräftigen, robusten Aussehen wie Aniston gewechselt ist, deutet darauf hin, daß er bei Frauen einen besseren Geschmack an den Tag legt als bei der Auswahl seiner Rollen.) Cameron Diaz ist, wenn man jedes einzelne Detail ihres Gesichts betrachtet, vielleicht sogar eine Schönheit, aber die Rollen, die sie spielt, vor allem in *Die Hochzeit meines besten Freundes* und *Verrückt nach Mary*, machen sie im höchsten Maße hübsch. Julia Roberts, vor allem in *Pretty Woman*, ist möglicherweise unser bestes Exemplar an Hübschheit. Natürlich können Ms. Roberts übernatürliches Lächeln und ihr Filmstar-Glamour einen dazu verführen, sie fälschlicherweise für schön zu halten. Potenzierte Hübschheit kann zu Schönheit werden. Das war beispielsweise bei Audrey Hepburn der Fall, so hübsch, daß sie tatsächlich schön war.

Schön ist sublim: Elizabeth Taylors veilchenblaue Augen, Sophia Lorens wohlgeformte, volle Lippen, Grace Kellys Eleganz, Sharon Stones Eiseskälte, Julie Christies rosige Wangen, Deborah Harrys konvexe Wangenknochen. Sind Sie auch nur mit einem solchen besonderen Merkmal gesegnet, sind Sie schön. Schön ist beängstigend und jenseitig, und es scheint, als stünde es häufig im umgekehrt proportionalen Verhältnis zu privatem Glück, was ein ziemlich guter Grund ist, dem Schicksal zu danken, wenn man selbst nicht schön ist.

Selbst wenn Sie keine oder nicht alle diese Facetten von schön oder hübsch vorweisen können – und weiß Gott, mit den Mitteln der Chirurgie *kann* man sie nicht erlangen –, können Sie dennoch versuchen, sich ihren Mitmenschen so zu präsentieren, daß sie Sie glatt für Miss Universum halten. Das heißt nicht, daß sie pfannkuchendickes Make-up, grüngelben Lidschatten, falsche Wimpern und Tangerine-Dream-Lippenstift auftragen sollten, bis sie wie eine Drag Queen oder eins von den Spice Girls aussehen. Das heißt nicht, daß Sie Tag für Tag stundenlang vor dem Spiegel stehen, sich aufdonnern und in Schale schmeißen sollten, bis sie schließlich eine exzessive Schönmachstörung (ESS) entwickeln. (Tatsächlich ist ESS ein obsessiv-zwanghaftes Syndrom, das man gelegentlich bei milieugeschädigten Hauskatzen findet und sich darin äußert, daß die Tiere sich büschelweise Haare aus dem Fell reißen. Zur Behandlung befestigt man einen umgekehrten Plastikkegel am Hals des Tieres, den es dann über einen längeren Zeitraum tragen muß; so etwas sollten Sie sich nicht wünschen.) Es heißt bloß, daß Sie sich zusammenreißen müssen, bevor Sie das Haus verlassen – es sei denn, Sie wollen bloß joggen gehen. In diesem Fall ist eine gesunde Röte das einzig Hübsche, das Sie brauchen.

Der Weg zum Hinreißendsein liegt einfach darin, immer darauf zu achten, daß die Grundvoraussetzungen erfüllt sind. Entweder Sie haben langes, wallendes, schönes Haar, oder Sie gönnen sich eine sensationelle Frisur. Lassen Sie die Finger davon, sich die Haare selbst zu färben oder helle oder dunkle Strähnen zu machen oder auf irgendeine andere Weise die Farbe zu verändern; und wenn Sie eine Hypothek auf Ihr Haus aufnehmen oder sich einen besseren Job suchen müssen, um sich einen guten Friseur leisten zu können, es lohnt sich. Es hält auch länger, wenn Expertenhände am Werk waren. (Ich weiß, wovon ich rede: Selbst als ich auf der Lower East Side von Manhattan wohnte, in einem Gebäude zusammen mit Crackheads und Dealern, und wenn ich die letzten Pennys zusammenkratzen mußte, um es mir leisten zu können, ich ging auf die Madison Avenue, um mir Strähnchen machen zu lassen, und ich glaube noch heute, daß mein Geld damals für so etwas gut angelegt war.) Lassen Sie sich verwöhnen: von der Kosmetikerin, mit Massagen und was es sonst noch alles gibt, und zwar so oft Sie können, denn wenn Sie sich dergleichen mit einer gewissen Regelmäßigkeit gönnen, bekommen Sie mit der Zeit das Gefühl, daß es Ihr Recht ist, gut behandelt zu werden. Und Menschen, die sich im Recht fühlen, kriegen leichter, was sie wollen, als diejenigen, die sich in einem chronischen Zustand von Minderwertigkeit bloß bescheiden die Nase an der Scheibe platt drücken.

Die meisten Frauen brauchen kaum mehr Make-up als Mascara und Lippenstift, und Sie sollten selbst dann ein wenig davon auflegen, wenn Sie bloß mal eben um die Ecke eine Zeitung und Zigaretten kaufen wollen. Und zwar nicht, weil Ihnen dabei wahrscheinlich der Mann Ihrer Träume über den Weg läuft – obwohl, wer weiß, man hat schon Pferde kotzen sehen –, sondern nur weil ich der sehr altmodischen Vorstellung anhänge, daß man sich besser fühlt, wenn man sich ein bißchen zurechtmacht, denn so strahlen Sie Signale von hübsch und schön aus, unabhängig davon, ob Sie tatsächlich das eine oder andere sind.

Und wenn Sie auf sich selbst achten, sehen Sie irgendwann dadurch auch besser aus. Keiner weiß, wie genau diese Alchemie funktioniert, aber wenn Sie Ihren persönlichen Bedürfnissen und Wünschen und Sehnsüchten nachkommen, werden Sie dadurch eher hübscher und schöner als durch jede Art von Schönheitschirurgie. Das ist jetzt einfach ein Axiom, das Sie ohne weitere Belege akzeptieren müssen – so, wie Mathematiker Hunderte von Jahren die Fermatsche Vermutung akzeptierten, ohne überhaupt zu wissen wieso –, einfach weil es wahr ist. Wenn Sie das nicht überzeugt, können Sie sich gern meinen Glauben von mir ausleihen: Ich persönlich glaube nämlich, daß ich etwa zehnmal hübscher bin als in Wirklichkeit. Durch reine Willenskraft ist es mir gelungen, viele Menschen davon zu überzeugen.

In diesem Zusammenhang führt kein Weg daran vorbei, sich mit der plastischen Chirurgie auseinanderzusetzen, auch wenn ich das lieber überspringen würde. Ich glaube wirklich, daß es ganz verständlich ist, wenn man sich liften läßt, um den Alterungsprozeß optisch zu verlangsamen; aber die eigenen Gesichtszüge zu verändern, das heißt, einen aussichtslosen Kampf gegen die Natur führen. Ich würde sogar behaupten, daß die Menschen, denen es gelingt, ihre naturgegebenen Eigenschaften zu akzeptieren, nahezu immer attraktiver wirken als diejenigen, die ihr Gesicht unters Chirurgenmesser legen. Denken Sie nur an Prinzessin Diana, deren eckige und leicht eingedrückte Nase Teil ihrer Schönheit war. (Natürlich ist eine Schönheitsoperation bei einem Teenager, der unter seiner übergroßen Knollennase leidet, etwas ganz anderes.)

Eine interessante Möglichkeit festzustellen, daß ein chirurgischer Eingriff zwar ein einzelnes Merkmal deutlich verändern kann, aber nur sehr wenig dazu beiträgt, das Gesicht als ganzes zu verändern, ist die, sich große Schönheiten anzuschauen, die beispielsweise Nasenoperationen hatten. Keiner weiß genau, ob Michelle Pfeiffer sich nun ihre Nase hat machen lassen oder nicht, aber in vielen Zeitschriftenartikeln über Hollywood und kosmetische Chirurgie waren alte Fotos von ihr neben neuen abgedruckt, und es scheint doch ziemlich offensichtlich, daß ihre Nasenlöcher etwas enger wirken und der Knochen in der Mitte etwas glatter und schmaler ist. Na und? kann ich da nur sagen. Sie war auch vorher schon schön, und eine leichte Unvollkommenheit, die vermutlich durch die Kamera noch betont wurde (weshalb sie überhaupt erst behoben werden mußte), ist eben nachträglich entfernt worden. Dennoch, ganz gleich, wie oft Sie sich an der Nase herumoperieren lassen, Sie werden trotzdem nicht wie Michelle Pfeiffer aussehen. Ebenso ist nur schwer erklärlich, wieso Cher sich so oft das Gesicht hat operieren lassen, dessen exotische Schönheit doch nie in Frage stand. Und was immer sie auch an sich hat verändern lassen – Wangenknochen und Nase und Augen und was noch alles vom Hals abwärts –, Cher sieht noch immer aus wie Cher. Aber Sie nicht.

Also fangen Sie besser an zu glauben, daß Sie hinreißend sind, und dann werden Sie es auch, ganz gleich, wie schwierig es ist, sich selbst davon zu überzeugen, weil das nämlich die einzige Methode ist, die wirklich funktioniert.

Erinnern wir uns an das Leben einiger weniger berühmter und optisch außergewöhnlicher oder unansehnlicher Frauen. Von Patti Smith, die anscheinend ihre defiziente Schönmachstörung zum Lifestyle erhoben hat, kann man immer noch sagen, daß sie die besten Männer abkriegt. Der Dramatiker und Schauspieler Sam Shepard, zu seiner Zeit der Schönling des Underground-Dramas und noch heute ein wahnsinnig markanter, attraktiver und lakonischer Mann, hat tatsächlich seine gutaussehende Frau Olan wegen Patti verlassen. Irgendwann und irgendwie hat Ms. Smith auch mit Robert Mapplethorpe zusammengelebt, dem bekanntermaßen schwulen Fotografen, und wenngleich keiner genau weiß, welcher Art ihre Beziehung denn nun war, ist es doch eine faszinierende Spekulation, daß er seine sexuelle Vorliebe für eine gewisse Zeit aufgab, weil er sich so heftig in diese Frau verliebt hatte. Später ließ sich Patti Smith mit Fred »Sonic« Smith von den MC5 in Michigan nieder, der ganz sicher eine gute Partie ist, wenn man auf cool steht. Patti Smith hat all das geschafft, möglicherweise ohne sich je die Achseln rasiert oder die Haare gekämmt zu haben. Es liegt auf der Hand, daß Patti Smith sich nach ihren eigenen Maßstäben hinreißend findet.

Exene Cervenka, die Sängerin der Punkgruppe X aus Los Angeles und angebliche Dichterin, ist auch so eine verlottert aussehende Frau. Ich meine, ich habe ein Konzert von der Band erlebt, und Exene verbreitet eine derart auffallende Unsauberkeit, daß man nicht erst in die Nähe der Bühne kommen muß, um das zu spüren. Aber irgendwie war sie mit ihrem Bandkollegen John Doe verheiratet, einem großen, sexy, schönen, blauäugigen Typen. Nach der Scheidung heiratete sie Viggo Mortensen, der das gute Aussehen der klassischen Filmstars hat und der sowohl in »Ein perfekter Mord« (als Partner von Gwyneth Paltrow) und »A Walk on the Moon« (mit Diane Lane) einen schon unanständig erotischen Ehefrauenverführer gespielt hat. Ich persönlich würde schon allein für die *Möglichkeit*, Viggo kennenzulernen, acht Fahrspuren mit dichtem Verkehr überqueren, so scharf finde ich ihn. Aber bei beiden Männern fühle ich mich nicht bloß von ihrer maskulinen Schönheit angezogen; es ist eine gewisse Sanftheit an ihnen und etwas, das ich nur als »echte Männlichkeit« bezeichnen kann, und deshalb frage ich mich, wieso die beiden nicht weltberühmt sind, was sie eigentlich sein sollten. Wie dem auch sei, Exene Cervenka war mit beiden von ihnen zusammen und ich mit keinem von ihnen.

Die derzeit bekannteste häßlich-hinreißende Frau ist Courtney Love. Sie hat sich nie gescheut, zu ihren mannigfachen Schönheitsoperationen zu stehen, die ihr Aussehen nach herkömmlichen Maßstäben vielleicht sogar verbessert haben. Ich persönlich mochte sie früher lieber, bevor Versace und CAA in ihr Leben traten, als sie ganz eindeutig schräg aussah. Weil Kurt Cobain damals der beste Fang in der Welt der Rockmusik war. Und die Frau, von der er sich fangen ließ, wirklich irgendwie furchtbar war – eklig anzuschauen und kreischig anzuhören. Damals gab es einen Moment, in dem Courtney der Welt gezeigt hat, was hinreißend wirklich bedeutet, in dem sie klar machte, daß es mehr war als reine Schönheit. Und jetzt, wo sie fein maniküırt und yoga-fiziert ist, steht sie eigentlich für gar nichts mehr. Sie ist bloß noch irgendein Girl in Hollywood, das Verabredungen hat und zum Lunch geht.

Diese drei Frauen, und viele andere, von denen wir noch nie gehört haben, sind unerklärliche Phänomene. Sie kriegen immer den Richtigen ab, weil sie einfach cool und scharf und voller aufregender Energie sind. Immer gibt es ein paar solcher Frauen, mit denen der Rest von uns neiderfüllt konkurrieren muß. Und Sie können rein gar nichts tun, um dieses gewisse Etwas zu erlangen.

Tragen Sie Levi's 501

▪

Hike up your skirt a little more
And show the world to me

> Dave Matthews, »Crash«

■

Es gibt keine Alternative. Es ist mir egal, mit welchen designerischen Neuheiten Diesel oder J. Crew oder Calvin Klein oder noch schlimmere aufwarten. Ich weiß nicht, was *Stretchjeans* sind, und ich bin mir sicher, daß ich es auch gar nicht wissen will. Ich habe auch nicht vor, dreitausend Dollar für eine bestickte und zusammengeflickte Schlaghose von Gucci auszugeben. (Okay, Hand aufs Herz: Wenn ich das Geld hätte, würde ich mir die Gucci-Jeans kaufen, weil die einfach sagenhaft cool sind. Aber erzählen Sie's nicht weiter.) Levi's, das sind noch immer die einzig wahren Jeans, und mehr gibt es dazu nicht zu sagen. Die Herren-501er mit Knopfleiste, tief auf den Hüften sitzend, nur die und keine andere. Kaufen Sie sich auf keinen Fall die Damenmodelle! Der leicht »schräge« Sitz der Herrenjeans ist ja gerade das Pfiffige daran, und in dem Damenmodell mit der hohen Taille sehen Sie aus wie Ihre Mutter – oder Jerry Seinfeld. Tragen Sie die

Jeans mit Stiefeln: Reitstiefel, Cowboystiefel, Motorradstiefel, spanische Stiefel, italienische Stiefel – egal, Hauptsache Stiefel. Tragen Sie die Jeans nicht mit Slippern von Manolo Blahnik oder mit Sandaletten; wir haben nicht mehr 1977, und dafür sollten Sie den Göttern danken.

Ganz gleich, was für eine Figur Sie haben und selbst wenn die 501 Ihre Oberschenkel dick macht, es spielt eigentlich keine Rolle. Levi's stehen für eine bestimmte Lässigkeit. In Levi's sehen Sie immer cool aus.

Halten Sie sich Haustiere

I don't believe in hatred anymore
I hate to think of how I felt before

> Edie Brickell, »Love Like We Do«

■

Allergien hin oder her, Tiere sind einfach was Tolles. Wie später bei den Tips für den Umgang mit Exlovern erklärt wird, findet man den anhänglichsten, freundlichsten, liebsten Gefährten nicht in einer Bar für Singles, sondern im Tierheim. Am einfachsten lassen sich Katzen halten, weil man mit ihnen nicht mehrmals am Tag Gassi gehen muß und weil ihnen anscheinend das Verständnis angeboren ist, wozu ein Katzenklo gut ist. Außerdem kann man problemlos mehr als nur eine halten, weil sie so gut wie keine Bedürfnisse haben. Ich würde sogar empfehlen, sich von Anfang an mindestens zwei Miezekatzen zuzulegen, damit sie einander Gesellschaft leisten können, wenn Sie mal tagsüber oder über Nacht nicht zu Hause sind oder über ein verlängertes Wochenende wegfahren. Solange Sie ihnen genug zu fressen dalassen, können Katzen sich mehrere Tage lang selbst versorgen, aber sie fühlen sich einsam.

Ich selbst habe nur eine Katze, einen Kater – als Folge diverser Wohnungsprobleme und dergleichen, als ich nach dem College nach New York kam –, und ich habe ein furchtbar schlechtes Gewissen, wenn ich ihn mal länger allein lasse. Wenn ich für mehr als zwei Tage verreise, suche ich immer jemanden, der solange bei mir wohnt, um ihm Gesellschaft zu leisten, so, wie er das so großherzig schon sein ganzes Leben lang für mich tut. (Zap mag übrigens nur Frauen. Und wenn er in einem Zimmer voller Frauen ist, springt er immer der hübschesten auf den Schoß. Irgendwie und ohne daß ich das gefördert hätte, steht er total auf gutes Aussehen.)

Hunde stellen natürlich ein größeres Pflegeproblem dar, aber es ist einfach schön, ein Tier zu haben, das sich transportieren läßt, das man überallhin mitnehmen kann – außer natürlich in Restaurants und Edelboutiquen, wo sie nicht gern gesehen sind. Hunde sind bekanntlich höchst anhängliche Wesen mit einer ausgeprägten Sensibilität, die in schlechten Zeiten tröstlich wirkt – und einfach erheiternd, wenn alles gut läuft. Sie haben auch einen erstaunlichen siebten Sinn dafür, wer einen mies behandeln wird, und sie verfügen über die bedrohliche Fähigkeit, dem Feind die Zähne zu zeigen. (Exlover, seht euch vor!) Wenn Sie also das nötige Kleingeld haben, einem Hund die notwendige Fürsorge zukommen zu lassen – und damit eines klar ist, hier geht es um eine echte Verpflichtung –, würde ich mir auf der Stelle einen aus dem Tierheim holen. Denn abgesehen von allem anderen finden Männer im besonderen und Menschen im allgemeinen eine Frau, die mit einem Hund umgehen kann, einfach supercool. Wenn sie auf so ein anspruchsvolles Wesen aufpassen kann, dann kann sie höchstwahrscheinlich auch ziemlich gut auf sich selbst aufpassen.

Und außerdem *muß* sie ihre Prioritäten festlegen. Sie kann nicht die ganze Nacht auf der Rolle sein, weil der Hund ja schließlich raus muß und überhaupt versorgt sein will. Sie kann nicht einfach alles liegen- und stehenlassen, mit dem Stricken aufhören, nicht mehr ins Fitneßstudio gehen, vergessen, ihre Freunde anzurufen, das Briefmarkensammeln aufgeben und ihre Wohnung in einen einzigen Berg aus schmutzigem Geschirr und Abfall verwandeln – sie kann sich nicht hängenlassen, weil sie ja eine höhere Berufung hat; sie muß sich um ihren Hund kümmern, Schluß aus. Alle – aber vor allem potentielle Partner – schätzen Frauen, die ihre Pflichten verantwortungsvoll erfüllen.

Wenn Sie nicht das Zeug dazu haben, eine gute Hundebesitzerin zu sein, wenn Sie nach wie vor lieber bis fünf Uhr morgens koksen und dann auf einer Bettdecke auf dem Boden einschlafen, nachdem Sie vielleicht oder vielleicht auch nicht mit dem einen oder anderen geschlafen haben, schaffen Sie sich keinen Hund an. Bleiben Sie bei Katzen. Und wenn Sie nicht bereit sind, ihren vierbeinigen Freund gehörig zu erziehen, vergessen Sie's. Hunde, die nicht stubenrein gemacht worden sind oder die verwöhnt oder mißhandelt wurden, verwandeln sich schon bald in lästige, alptraumhafte Kreaturen, die Ihnen jede Chance versauen, je ein schönes Essen für Freunde zu geben oder einen netten Mann zu einem Tête-à-tête einzuladen.

Aber die Katzenoption steht selbst den Kaputtesten unter uns offen. (Ich weiß, wovon ich rede.) Viele ahnungslose Narren verbinden das Halten einer Katze mit einem erbarmungswürdigen Status ewiger Altjüngferlichkeit. Solche Leute sehen Sie als spätes Mädchen, das sich lila kleidet und monströse Broschen trägt und in einem Schaukelstuhl sitzt, während ein Rudel von getigerten und gescheckten Miezekatzen das Wohnzimmer bevölkert.

Dieses oft beschworene Image der typischen Katzenbesitzerin ist bloß ein von der Gesellschaft erfundenes Lügenmärchen, durch das Sie sich schlecht fühlen und sich für etwas schämen sollen, das völlig richtig und gut ist. Es ist Sexismus in seiner absurdesten Spielart. Viele Männer und viele Verheiratete haben Katzen, und wenn Sie zwei adoptieren, macht Sie das noch lange nicht zur geistig verwirrten Matrone. Jeder, der mal in Key West, Florida, war, und dort das Haus von Ernest Hemingway besichtigt hat, wird Ihnen bestätigen, daß es dort von Katzen wimmelt. »Papa« hat sie zu seinen Lebzeiten hereingeholt, und in den Jahren nach seinem Tod waren sie fruchtbar und mehrten sich. Nun mag Hemingway ja so bekloppt gewesen sein, wie man nur sein kann, aber er wurde auch – von sich selbst und von anderen – für den Macho par excellence gehalten. Seine Katzenzucht machte ihn nicht zum Weichei und verwandelte ihn ganz sicher nicht in eine schrullige alte Dame. Lassen Sie sich nicht durch die irrigen Ansichten anderer irritieren.

Retten
Sie sich selbst

■

You look like the perfect fit
For a girl in need of a tourniquet

>Aimee Mann, »Save Me«

■

    Erwarten Sie nicht von irgendeinem Mann, daß er Sie rettet. Hocken Sie nicht zu Hause und denken, daß ja alles in Ordnung wäre, wenn Sie nur einen Partner hätten, der Ihnen die Kummertränen wegwischt und ein Taschentuch vor die Nase hält, wenn Sie sich schneuzen. Denn so läuft das leider nicht. Es läuft so, daß der tolle Traummann erst dann auftaucht, wenn endlich alles in Ordnung ist, wenn Sie den zarten Garten Ihres Lebens selbst auf Vordermann gebracht haben. (Mit *in Ordnung* meine ich nicht vollkommen – das können Sie vergessen, seien Sie zufrieden, wenn es Ihnen einigermaßen gut geht.) Und eigentlich ist das auch gut so, denn wenn Sie gerade in den Seilen hängen, ist ein Mann wirklich das Letzte, was Sie gebrauchen können.

    Die meisten Männer, die geistig gesund und fest angestellt sind, haben keine Lust, die Bruchstücke Ihres Lebens zusammenzukleben und ein schön regelmäßiges

Puzzlebild aus Ihnen zu machen. Sollten Sie jedoch tatsächlich Ihren persönlichen Erlöser in irgendeiner Kneipe kennenlernen, und der keinen größeren Wunsch haben, als Ihre Kindheitstraumata zu heilen, Ihren ganzen Schmerz auf sich zu nehmen und stundenlang am hellichten Tag bei geschlossenen Vorhängen mit Ihnen im Bett zu verbringen, die meiste Zeit *ohne* mit Ihnen zu schlafen, dann verwechseln Sie dieses anfängliche warme und kuschelige Gefühl bloß nicht mit wahrer Liebe. Betrachten Sie es als ebendie *folie à deux*, die es ganz sicher werden wird, nehmen Sie die Beine in die Hand, und suchen Sie sich vor allem professionelle Hilfe (siehe nächstes Kapitel) für das, was auch immer Sie glauben macht, ein Mann könnte Sie retten.

Grundsätzlich hat Liebe noch nie einen Menschen gerettet, der sich nicht zuvor von allein wieder bekrabbelt hat. In meinem Bekanntenkreis gibt es jemanden, ausnahmsweise mal ein Mann, bei dem einfach alles im Leben schieflief. Jahrelang wechselte er ständig von einem untergeordneten Job zum nächsten sinnlosen Job, arbeitete als unbezahlter Praktikant bei irgendeinem drittklassigen Kabel-TV-Sender oder als Redakteur für die Zeitschrift irgendeiner rechtschaffenen Umweltorganisation. Er war wissenschaftlicher Mitarbeiter einer Zeitschrift über Vögel – und wurde gefeuert. Er zog von New York nach Los Angeles nach Vermont nach Amsterdam und wieder nach New York. Er schrieb zwei unveröffentlichte (und zur Veröffentlichung nicht geeignete) Romane. Er taumelte von einer kurzlebigen und unglücklichen und unerklärlichen Beziehung in die nächste.

Schließlich brachte er irgendwann soviel Energie

oder Ekel oder vielleicht sogar den Mut auf, sich einfach *einen Job zu suchen*. Irgendeinen. Er suchte nicht nach einem Job, der eine vielversprechende Karriere verhieß, weil er zu dem Zeitpunkt ganz einfach irgendwie das Geld für die Miete verdienen mußte, damit er lange genug an einem Ort bleiben konnte, um einigermaßen seßhaft zu werden und eine neue Orientierung zu finden. Die lukrativsten Angebote waren die für Berufsanfänger an der Wall Street, was für ihn anscheinend ein verzweifelter Griff nach dem letzten Strohhalm war. Erstaunlicherweise stellte sich jedoch heraus, daß er seine Arbeit gut machte, daß er sogar ein Händchen dafür hatte, was auch seinen Kollegen nicht entging. Als sein Boß gefeuert wurde, beförderte man ihn auf dessen Posten, und die Gehaltszuschläge und Angebote nahmen ständig zu. Er wurde sogar von einem anderen Unternehmen abgeworben. Inzwischen hat er ein Jahresgehalt, das in die Millionen geht – nach nur wenigen Jahren in der Branche. Und in dieser neu gesicherten Lebenssituation hat er auch eine Partnerin gefunden, in die er richtig vernarrt ist, und er hat ein Stadthaus gekauft, in dem sie vielleicht glücklich bis ans Ende ihrer Tage leben werden.

Ich kann Ihnen sagen, daß dieser Bekannte von mir über etliche Jahre hinweg der totale Verlierer war. Glauben Sie mir, er war wirklich zu bemitleiden.

Doch indem er sich mit klitzekleinen Schritten zum Gewinner mauserte, erntete er schließlich all die Belohnungen, die das Leben manchmal bereit hält, Tag für Tag, Stück für Stück. Das, was Menschen, die ich nicht sonderlich mag, als *Karma* bezeichnen, ist eine durchaus reale, diesseitige Energie, die wirkt, wenn man mit ihr arbeitet. Wenn Sie die richtigen Dinge tun und sich so verhalten, als glaubten Sie daran, daß es doch einen Funken Hoffnung für Sie gibt, wird die wie auch immer geartete Macht, die das Universum beherrscht, schon bald auf Ihr kleines Leben herablächeln und es erblühen lassen.

Nutzen Sie sämtliche verfügbaren Ressourcen

∎

The hardest part is knowing I'll survive

Emmylou Harris, »Boulder to Birmingham«

■

Wenn irgendwas im argen liegt und durch professionelles Eingreifen wieder in Ordnung gebracht werden kann – sei es ein verstopfter Abfluß, eine Maus im Haus oder ein lang anhaltender Depressionsschub –, sollten Sie nicht Ihren Freunden vergeblich etwas vorjammern, bis die Sie am liebsten erschlagen würden. Solange Sie nicht neunzig Jahre alt sind und auf dem Sterbebett liegen, gibt es höchstwahrscheinlich *irgend etwas*, das Sie tun können, um Ihre Probleme zu lösen. (Und wenn Sie alt sind und Schmerzen haben und jemand Ihnen einen Morphium-Tropf anbietet, dann sagen Sie um Himmels willen ja!) Probieren Sie's mit Akupunktur und Yoga und Pilates-Training und Gewichtheben. Suchen Sie sich psychiatrische Hilfe oder jede andere verfügbare Form von Hilfe. Bestellen Sie einen Kammerjäger. Nur keine falsche Scham. Lassen Sie Ihre Probleme ruhig von den Dr. med. und Dr. phil. lösen, damit Sie nicht für alle anderen zum Problem werden. Es ist die Aufgabe Ihrer Freunde und Verwandten – wie auch die jedes Mannes an Ihrer Seite –, Sie liebevoll durchs Leben zu begleiten, nicht, Sie zu retten.

Und als Faustregel gilt, daß Sie anderen niemals mehr auf den Wecker fallen sollten als unbedingt nötig, und zwar aus Gründen der Etikette *und* des Eigennutzes. Probleme mit Männern, Schwierigkeiten im Job, die alltäglichen Ärgernisse des Lebens: Das sind Themen, die man vernünftigerweise mit seinen Freunden bespricht. Im Idealfall wird Ihr Leben natürlich so wundervoll und sorgenfrei verlaufen, daß Sie nur über die neuesten Theorien zur Natur des Bösen diskutieren wollen, darüber, was Quarks denn nun wirklich sind, ob Kevin Costner noch eine nennenswerte Karriere vor sich hat oder ob Sie der Meinung sind, daß es ein Gen für Homosexualität gibt. Ich meine nicht, daß Freundschaften wie ein Debattierclub gestaltet werden sollten, aber ein gewisses Maß an abstraktem Nachdenken und Engagement in der Welt um uns herum kann nicht schaden.

Das Phänomen, um das Sie den allergrößten Bogen machen sollten, ist das, was ich als einsatzorientierte Beziehungen bezeichne. Dergleichen liegt vor, wenn Sie das Gefühl haben, die Zuneigung oder das Interesse eines anderen nur dann spüren zu können, wenn Sie ihn dazu bringen, Ihnen bei irgendwas zu helfen – Ihre Stereoanlage aufbauen, eine Weinflasche entkorken oder Sie spät nachts nach Hause bringen. Problematisch dabei ist nicht, daß Sie Freunde – oder genauer gesagt, einen Freund – nicht dazu bringen könnten, Ihnen auf diese Weise behilflich zu sein; problematisch ist jedoch, daß dem Helfenden überdeutlich wird, daß es nur darum geht, sein Engagement zu testen oder ein falsches

Gefühl von Hingabe einzufordern, weil Sie sich selbst einreden, daß er ja nicht so hilfsbereit wäre, wenn ihm nicht ein klitzekleines bißchen an Ihnen läge. Männer sind sehr sensibel für diese Manipulation, und sie können sie nicht besonders leiden. Falls er an Ihnen interessiert ist, können Sie mit ihm essen gehen, mit ihm schlafen oder egal was mit ihm machen, ohne sich vorher von ihm sämtliche Glühbirnen in Ihrer Wohnung auswechseln zu lassen, nur um sich zu beweisen, daß er schon so gut wie zu Ihrem Haushalt gehört. Wenn Sie ein großes Mädchen sind, sind Sie auch groß genug, sich eine Trittleiter anzuschaffen oder den Hausverwalter zu bestellen.

Und das gilt nicht nur für Männer-Frauen-Beziehungen. Meine Mutter treibt mich fast in den Wahnsinn, wenn sie mich bittet, samstags zum Lunch zu ihr zu kommen, um ihr dabei zu helfen, ihren schwarzen Lacktisch von einer Ecke des Eßzimmers in die andere zu tragen. Oder sie braucht Beratung beim Kauf eines Geschenks für Grandma. Oder sie möchte, daß ich mir ihr neu erworbenes knallorangefarbenes Outfit ansehe, für den Fall, daß es doch zu schrill ist. Natürlich ging es auch nicht ohne das obligatorische Die-Uhr-am-Videorecorder-Einstellen ab. Und ich mache das alles wirklich gerne für sie. Aber ich ärgere mich darüber, daß sie solche Ausreden braucht, um eine Beziehung zu mir zu haben. Schließlich brauche ich keinen Vorwand, um sie zu sehen – ich liebe sie, präziser ausgedrückt, ich hänge an ihr, und das sollte sie eigentlich wissen. Die Vorwände, die sie sich einfallen läßt, haben nur zur Folge, daß ich sie eher seltener besuchen möchte.

Grundsätzlich sind Beziehungen, die unter Druck geführt werden, zu meiden wie die Pest. Wenn Sie eine Freundin haben, die Sie nur anruft, um Ihnen zu sagen, daß schwarze Wellen in ihrem Kopf tosen und sie Todesangst hat und vielleicht sogar glaubt, daß sie wirklich stirbt, dann ist das nicht fair. Sie sind keine ausgebildete Psychologin. Ebenso sollten Sie einen Mann nicht unter dem Vorwand in Ihre Wohnung locken, daß da irgendein Ungeziefer zertreten werden muß, es sei denn, Sie sind schon länger zusammen und er weiß, daß Sie wirklich Angst haben. Setzen Sie dergleichen nicht als Vorwand ein, um einen Typen anzurufen, mit dem Sie drei Tage zuvor geschlafen haben und der sich seitdem nicht mehr gemeldet hat. In einer derart gräßlichen Situation – ich meine das Ungeziefer, nicht die Post-Sex-Funkstille – ist es angemessen, sich an eine couragierte Freundin zu wenden.

Eines jedoch sollten Sie unter *gar keinen* Umständen tun, mal abgesehen von all den anderen Möglichkeiten, wie man Freunde für unangemessene Zwecke mißbrauchen kann – noch schlimmere, als beispielsweise einen guten Kumpel zu bitten, Ihre nicht diagnostizierte Schizophrenie zu lindern (was zumindest ein verständlicher Fehler wäre) –, Sie sollten *niemals*, ich wiederhole, *niemals* jemanden, an dem Ihnen etwas liegt, darum bitten, Ihnen beim Umzug zu helfen. Die Regel ist wirklich ganz simpel, und sie lautet: *Wenn Sie sich kein Umzugsunternehmen leisten können, können Sie sich keinen Umzug leisten.* Freunde zu bitten, schwere Kisten zu heben, ist *nicht* okay. Sie zu bitten, selbige Kisten dann auch noch etliche Stockwerke runter oder rauf zu schleppen – und wenn Sie schon Freunde um Hilfe bitten müssen, dann ziehen Sie vermutlich auch vom fünften Stock eines Hauses ohne Aufzug wieder in den fünften Stock eines Hauses ohne Aufzug um –, ist noch inakzeptabler. Für so etwas hat man keine Freunde. Freunde hat man, um sich zum Kino zu verabreden oder nach der Arbeit etwas trinken zu gehen, aber nicht als Packesel. Freunde können zum Eingewöhnen in die neue Wohnung einen Eintopf mitbringen, sie können Ihnen beim Packen Gesellschaft leisten, aber körperliche Schwerstarbeit ist nur etwas für bezahlte Kräfte. (Sie können Ihre Freunde auch bezahlen, aber das ist ein bißchen stillos.)

Eine Ausnahme ist das Studium. Da dürfen Kommilitonen mit anpacken, um Bücher und Knautschsessel von einem Zimmer im Studentenwohnheim zum anderen zu tragen, und es ist auch nichts dagegen einzuwenden, die Leute anschließend auf ein paar Bier einzuladen. Und wenn ich das in meiner Studentenzeit nicht selbst ein paarmal so gemacht hätte, würde ich das heute unter absolut VERBOTEN einstufen.

Lassen Sie eine Putzhilfe kommen, so oft Sie es sich leisten können

■

Das Verflixte am Putzen ist, daß am nächsten Tag alles wieder schmutzig wird.

Barbara Bush

■

Leisten Sie sich eine Putzhilfe. Was soviel heißt wie: Machen Sie sich Ihr Leben so einfach wie möglich, denn ganz gleich, was Ihre Mutter Ihnen erzählt hat, es ist keine Tugend, minderwertige, miese Arbeiten zu verrichten, für die Sie jemanden anderen bezahlen können. Um es mit Agatha Christie zu sagen, zweifelsohne eine der produktivsten Schriftstellerinnen aller Zeiten (und offensichtlich eine Frau, die ihre Zeit nicht damit vertan hat, Fußböden zu schrubben.): »Tu nie etwas, das andere für dich tun können.«

Diese Regel ergibt sich ganz logisch aus der vorangegangenen, sämtliche verfügbaren Ressourcen zu nutzen. Im Grunde läuft sie auf folgendes hinaus: Sie sollten sich nicht wie eine verwöhnte Göre aufführen, Sie sollten keine wütenden Szenen machen, um andere dazu zu bringen, sich Ihrem Willen zu beugen, aber Sie sollten mit ehrlichen Mitteln versuchen, möglichst jede Form tagtäglicher Schinderei zu vermeiden. Sie sollten irgendeinen Weg finden, genug Geld zu verdienen, um unabhängig leben zu können und sämtliche Grundbedürfnisse abzudecken – und zumindest in meinem Fall sind die »Grundbedürfnisse« meist ziemlich umfassend.

Falls Sie irgend etwas Sinnvolles mit Ihrem Leben anfangen, beispielsweise gegen den Hunger im Sudan kämpfen oder bei der Wiederansiedlung von Kosovo-Albanern mithelfen, dann werden Sie dieses Buch vermutlich nicht lesen, und was noch wichtiger ist, Sie haben das, was Sie zum Leben brauchen, vermutlich auf nicht viel mehr zusammengestrichen als fließendes Wasser, eine halbwegs funktionsfähige Heizung und den gelegentlichen Kauf von Chanel-Nagellack. Oder Sie haben vielleicht einen fetten Treuhandfonds. Wie auch immer, ich wünsche Ihnen jedenfalls viel Erfolg damit, obwohl das leider bedeutet, daß Sie Ihre Badewanne vermutlich selbst schrubben müssen.

Seien Sie berufstätig, verdienen Sie Ihr eigenes Geld, und stehen Sie finanziell auf eigenen Füßen

■

Man bezeichnet mich als Feministin, wann immer ich Gedanken äußere, die mich von einem Fußabtreter oder einer Prostituierten unterscheiden.

Rebecca West

■

    Stehen Sie finanziell auf eigenen Füßen. Ich könnte auch sagen, *haben Sie Köpfchen*. Von so entscheidender Bedeutung ist dieses Diktum. Es ist die einzige unbestreitbare Regel, eine jener absoluten Wahrheiten, deren Sinngehalt immer und immer wieder bewiesen wurde – hauptsächlich durch das Negativbeispiel, was denjenigen Frauen widerfährt, die sich ihren Lebensunterhalt nicht selbst verdienen, es nicht können oder nicht wollen.

    Eines will ich von vornherein klarstellen. Sie können mit egal wem egal was machen; Sie können mit einem Mann zusammenziehen, einen Mann heiraten, mit einem Mann Kinder haben, glücklich und zufrieden mit einem Mann bis ans Ende ihrer liebestrunkenen Tage und erfüllten Nächte leben. Aber Sie dürfen ihm *niemals* wegen Geld zu Dank verpflichtet sein. Sie dürfen niemals in Abhängigkeit von ihm geraten – überlassen Sie diese Rolle Ihren Sprößlingen.

Weil er nämlich anfangen wird, Sie dafür zu hassen, daß Sie den frechen Elan aufgegeben haben, den Sie einst besaßen, und weil Sie aus dem, was einmal Liebe war, eine Eisenkugel mit Fußkette gemacht haben. Und Sie werden anfangen, sich selbst zu verachten, weil Sie in der Welt keine Rolle mehr spielen – in einer kapitalistischen Gesellschaft spielt man nämlich keine Rolle, wenn man kein Einkommen hat. (Das ist kein Werturteil – es ist ganz einfach die Wahrheit.) Sie werden zu einem menschlichen Parasiten und von Ihrem Ehemann hauptsächlich aus einem gewissen Schuldgefühl heraus unterstützt. Der Teufelskreis von Bedürftigkeit und Kontrolle wird in einer ehemals liebevollen Partnerschaft brutal seine Wirkung entfalten; Sie werden sich langweilen, und Ihr Ehemann wird sich noch mehr langweilen. Und wenn Sie ihn nicht während eines prämenstruellen Wutanfalls verlassen, wird er Sie irgendwann, wenn er sich in der Midlife-crisis in eine andere verguckt, schneller verlassen, als Sie Porsche 944 sagen können.

Man kann nur hoffen, daß Sie sich zu dem Zeitpunkt selbst die eine oder andere Affäre gegönnt haben, ein bißchen heimliche Liebe am Nachmittag. Unter Umständen wird die Ankunft des FedEx-Lieferanten für Sie zum absoluten Höhepunkt des Tages. Im besten Fall sind Sie Catherine Deneuve in »Belle de Jour«: Sie finden Prostitution befriedigender als das Hausfrauendasein.

Aber betrachten wir den Imperativ des eigenen Einkommens mal von der positiven Seite. Blicken wir mal einen Moment lang nicht auf die Ehemänner, die in der Nacht verschwinden – weil nämlich mehr dahinter steckt. Frauen, die ihre Miete selbst bezahlen, müssen nicht nett sein. Sie müssen auch nicht gemein sein – und höchstwahrscheinlich werden sie freundlich und verständnisvoll sein, weil diese Eigenschaften leichter zu pflegen sind, wenn man sich nicht aus finanzieller Abhängigkeit in einer Beziehung gefangen fühlt oder in der Schuld eines Mannes steht, der bloß noch eine Rettungsleine zu Liberty oder Boots oder auch nur zu einfachen schlichten Lebensmitteln ist.

Natürlich empfindet der die Brötchen verdienende Mann die abhängige Frau als tonnenschweren Ballast, und so pervertiert das Wesen ihrer Beziehung zu reinen Banktransaktionen, und die Liebe selbst verschwindet entweder oder wird unter einem Berg aus Bedürftigkeiten und Verpflichtungen begraben. Aus eben diesem elenden Zustand von Geben und Nehmen entsprang die Frauenbewegung. Täuschen Sie sich nicht, Frauen hätten niemals damit angefangen, zu Hause im Keller Selbsterfahrungsgruppen ins Leben zu rufen, wenn sie glückliche Heimchen am Herd gewesen wären. Wie wir alle wissen, würde ein glücklicher Mensch so ziemlich alles tun, um sich eine lange, emotionsschwangere Versammlung zu ersparen, in der eine Frau von einer blutigen Abtreibung im Jahre 1952 berichtet, eine andere zugibt, daß sie keine Ahnung hat, was ein Vorspiel ist, und wieder eine andere davon erzählt, daß sie auf dem College so selbstbewußt war und jede Menge kühne Gedanken und Träume hatte, aber ihr Leben inzwischen nur noch aus Wäsche waschen und Geschirr spülen besteht und sie sich absolut nicht erklären kann, wie ihr das passieren konnte. Menschen begeben sich nicht freiwillig in solche Unglücksmarathonsitzungen, es sei denn, sie haben von ihrem Leben, so, wie es ist, die

Nase gestrichen voll, und ich weiß nicht, wie oft wir noch daran erinnert werden müssen, bis wir das wirklich begreifen.

Eine kleine Geschichtsstunde für diejenigen unter uns, die beim ersten Mal gefehlt haben. Die Anfänge des Feminismus waren folgendermaßen: Es gab viele kluge und gelangweilte Frauen, die in den Vorstädten lebten, Mah-Jongg spielten, um die Zeit totzuschlagen, und dann und wann ein bißchen häusliche Aufregung erlebten, wenn eines ihrer Kinder vom Rad fiel und das aufgeschlagene Knie verarztet werden mußte. Schließlich waren auch ihre Kinder aus dem Gröbsten raus, und diese Teenager reagierten bissig, wenn ihre Mütter versuchten, sich in ihr junges Leben einzumischen – aber was sollten diese Frauen auch sonst machen? Also wurden viele von ihnen verrückt und von Valium und Librium abhängig, und manche von ihnen schlossen sich der entstehenden Frauenbewegung an.

Manche von ihnen stellten fest, daß sie lesbisch waren und es gar nicht gewußt hatten. Andere fühlten sich zu jüngeren Männern hingezogen, die ihnen die Freuden des Cunnilingus näherbrachten. Doch die meisten versuchten ihre Familie intakt zu halten, während sie sich selbst für neue anregende und entzückende Möglichkeiten öffneten.

Diesen Frauen hat der Feminismus das Leben gerettet. Auch Ihnen hat er das Leben gerettet, und wenn Sie das nicht wissen, lesen Sie gerade das falsche Buch. Ich trete nicht dafür ein, daß Frauen ihre Mutterrolle ablehnen sollten – wenngleich ich mir wünschen würde, daß Väter sich etwas mehr einbringen würden, denn das wäre sowohl für die Eltern als auch für die Kinder besser. Ich will damit nur sagen, daß ein Verstand mit realen und wertvollen und nutzbringenden Aktivitäten beschäftigt werden muß. Wenn Sie den ganzen Tag nichts anderes tun als an Schaufenstern entlangbummeln und zur Pediküre gehen, haben Sie am Abend hübsche Füße und einen hohlen Kopf.

Wenn Sie genau in diesem Augenblick denken, daß Sie sich ausgelaugt und angewidert fühlen und daß Ihr Job Sie ankotzt, daß Sie ihn liebend gern hinschmeißen würden, wenn Sie es sich leisten könnten, dann haben Sie ein gänzlich anderes Problem. Dann sollten Sie sich einen Job suchen, der Spaß macht, Sie sollten wieder studieren oder Sie sollten berufliche Fortbildungskurse belegen oder egal was tun, um Ihren Broterwerb erträglich zu gestalten.

Denn das Ganze hat auch eine gute Seite. Es wird nämlich besser. Ich habe gehört, daß Frauen, die lernen, auf eigenen Füßen zu stehen, ziemlich gute Aussichten haben, einen Mann kennenzulernen, der ähnlich autonom ist. Und dann –! – kann etwas wahrlich Erstaunliches passieren: Sie könnten tatsächlich füreinander sorgen.

Frönen Sie
dem Fanatismus

■

He not busy being born
Is busy dying

> Bob Dylan, »It's Alright, Ma (I'm Only Bleeding)«

▪

    Lernen Sie, auch noch andere Dinge zu lieben außer Männern.

Frauen müssen lernen, sich komplett wahnsinnig zu verhalten und sich irgendwelchen Ideen, Ideologien, Interessen, egal was, mit Haut und Haaren zu verschreiben! Wir müssen absolut vernarrt sein in irgend etwas anderes als Männer. Denken Sie einmal über folgende Analogie nach: Während des Zweiten Weltkrieges sprach Winston Churchill darüber, wie wichtig es sei, daß die Künste weiterhin öffentlich bezuschußt würden, weil es doch sinnlos wäre, Männer in den Kampf zu schicken, wenn es keine Kultur gebe, deren Rettung sich lohne – und die es wert sei, zu ihr zurückzukehren. Ebenso hatte die gesamte sexuelle Revolution nur den einen Sinn, Frauen ein erfüllteres Leben zu verschaffen; es ging nicht darum, uns die Möglichkeit zu schwerer Arbeit zu eröffnen, für die wir nur dreiviertel von dem verdienen, was Männer bekommen, um dann nach

Hause zu gehen, wo uns nur Hausarbeit und brüllende Kinder erwarten.

Wenn wir Frauen ähnlich verzehrende Leidenschaften hätten, wie Männer sie anscheinend haben – sei es Football gucken oder Golf spielen oder die wöchentliche Pokerrunde oder der Kneipenabend mit den Kumpels –, wenn wir absolut sicher sein könnten, daß wir diesen Leidenschaften frönen könnten, ohne daß uns *auch nur das Geringste* dazwischenkäme, würden wir mehr tun, um unsere Rechte durchzusetzen, als wir das beispielsweise tun, wenn wir eine Beschwerde beim Personalrat einreichen, weil der Boß gesagt hat, »Hallo Süße, hübscher Hintern.« Denn so berechtigt es auch ist, diesen Widerling für sein sexuell belästigendes Verhalten zur Rechenschaft zu ziehen, so macht es doch keinen großen Spaß; es ist wahrscheinlich sogar ein ziemlich langwieriges und ermüdendes Verfahren, weshalb viele Frauen sich gar nicht erst die Mühe machen.

Aber darauf zu bestehen, unter allen Umständen etwas zu tun, was richtig Spaß bringt – ja, das macht aus einer Frau ein Wesen der Freude und des Genusses, und es verschafft ihr ehrlich gesagt auch eine gewisse Unabhängigkeit, die ausgesprochen befreiend ist. Es macht stark, »nein« zu sagen, aber es ist wesentlich unterhaltsamer, »ja« zu sagen – und außer Männern noch andere Dinge zu haben, zu denen man ja sagen kann. Leider fällt es denjenigen unter uns, die das ehemündige Alter schon länger erreicht haben, doch recht schwer, liebgewordene Gewohnheiten abzulegen. Es trifft sich gut, daß die jüngere Generation einen Trick gelernt hat, den Männer schon länger beherrschen: Sport ist die beste Art, den Rest der Welt zu vergessen und sich total im Hier und Jetzt zu verlieren, sich auf das zu konzentrieren, was gegenwärtig und perfekt und direkt vor unserer Nase ist. In den Vereinigten Staaten treiben inzwischen zweieinhalb Millionen Mädchen Mannschaftssport an der High-School, während es in den siebziger Jahren gerade mal dreihunderttausend waren. Fußball hat es in keiner amerikanischen Profiliga so richtig zum Durchbruch geschafft, was ihn zum geeigneten Übungsfeld für Frauen gemacht hat, auf dem sie sich profilieren konnten – deshalb haben die US-Frauen auch 1999 den World Cup geholt, während die Männer 1998 kaum über die erste Runde hinauskamen. Studien belegen, daß Mädchen, die Sport treiben, ein größeres Selbstbewußtsein haben (was immer das heißen mag), länger abwarten, bis sie Sex haben, und weniger die Partner wechseln. (Zugegeben, das klingt nicht gerade nach einem besonders lustigen Haufen, aber wenn ich an meine Teenagerzeit zurückdenke, würde ich vieles dafür geben, wenn ich etwas weniger verrückt nach Jungs gewesen wäre, also ist das vielleicht doch nicht so schlecht.)

Aber abgesehen davon würde ich behaupten, daß eine Frau ihrem zudringlichen, lüsternen Chef eher zeigt, wo's lang geht, wenn sie viele Dinge hat, die sie gern tut, weil die Liebe zum Leben, zu einem selbst und zu den eigenen Leidenschaften es irgendwie mit sich bringt, daß man nicht so ohne weiteres bereit ist, sich mit dem Schwachsinn von irgendeinem Idioten abzufinden. Und die Menschen, die am ehesten im Besitz jener Qualität sind, die unter dem Namen *Joie de vivre* bekannt ist, sind Menschen, die verrückte Interessen haben, verzehrende Leidenschaften, stete Quellen der

Freude, die nicht abhängig sind von der Zustimmung anderer. »Sei trunken, immer. Das ist der Sinn; nichts anderes zählt«, schrieb Charles Baudelaire, ein Mann, der nur allzu gut wußte, was es bedeutet, sich dem Leben hinzugeben. »Trunken wovon? Vom Wein, von der Poesie oder von der Tugend, ganz nach Geschmack. Aber sei trunken.« Und Frauen sollten lernen, was mit diesen Zeilen gemeint ist, was es bedeutet, in etwas anderes vernarrt zu sein als in irgendeinen nutzlosen Kerl.

Vorausgesetzt natürlich, dieser nutzlose Kerl ist nicht gerade Bob Dylan oder Bruce Springsteen oder ein anderes Genie der populären, populistischen Kultur, jemand der Zeilen und Texte und Akkordfolgen produziert, die es Wert sind, sie in Erinnerung zu behalten. Woran liegt es, daß nicht nur die meisten Musiker Männer sind, sondern daß sogar die meisten echten *Fans* Männer sind? In der High-School mögen Mädchen die Bands, die ihre jeweiligen Freunde mögen, und meistens nicht mal so sehr. Vielleicht ist einer der Gründe, warum mir »High Fidelity« soviel besser gefällt als »Zum Frühstück Schokolade«, der, daß Nick Hornbys Rob, auch wenn er ein jämmerlicher Loser ist – mit extremer Bindungsangst und kindisch wie ein Neugeborenes – trotz allem ein begeisterter Musikfan ist; er ist nach etwas anderem verrückt als nur nach seinen eigenen Neurosen. Ich selbst hatte schon immer das Gefühl, daß Rock 'n' Roll mir das Leben gerettet hat, und ich kann gar nicht begreifen, daß andere Frauen anscheinend nicht die Neigung haben, ihre eigene Verzweiflung in ein so naheliegendes Auffangbecken zu ergießen. Mir ist ja klar, daß für die onanistische Hingabe an einsame Gitarrenübungen im eigenen Zimmer eine pubertäre

Loser-Mentalität erforderlich ist und daß darin die Ursache für das Fehlen eines weiblichen Jimi Hendrix liegt, aber wieso gibt es eigentlich nicht mehr weibliche Jimi-Hendrix-Fans (nicht zu verwechseln mit den *Groupies*, noch so ein präfeministischer Begriff)?

Und trotz all der Klagen darüber, daß sich die Feministinnen vor lauter Loyalität zu Präsident Clinton nicht mit Monica Lewinsky solidarisiert haben, sollten wir uns nicht mehr Sorgen darum machen, daß Linda Tripp, die Frau mit der Abhöranlage, tatsächlich rund vierzig Stunden auf Band hat, in denen die attraktive und labile Praktikantin obsessiv über Bill schwafelt? Wäre es nicht besser gewesen, wenn diese beiden zumindest nominell erwachsenen Frauen dann und wann mal über, sagen wir, die Politik der Vereinigten Staaten gegenüber der NATO geredet hätten, über die schlechte Wirtschaftslage in Asien oder über eines der vielen Themen, die zwei Menschen, die für die Regierung der Vereinigten Staaten arbeiten, doch eigentlich interessieren müßten? Oft habe ich den Eindruck, daß der Feminismus seine Schwächen gerade in diesen vermeintlich banalen und ganz sicher törichten Situationen offenbart. Denn irgendwie haben wir durch die fünfunddreißig Jahre der Frauenbewegung im großen und ganzen nicht gelernt, die Augen auf den Ball zu halten und uns nicht von unbedeutenden Obsessionen ablenken zu lassen. Selbst die seriösesten und robustesten unter uns sind anscheinend immer nur einen Mann davon entfernt, Kartoffelpüree aus sich machen zu lassen.

Das ist nicht gut. Und bis zu einem gewissen Grade gibt es nichts, was wir dagegen tun können. Aber zumindest sollten wir versuchen, gegen die Neigung anzukämpfen, alles stehen- und liegenzulassen, bloß weil der Typ, den wir gerade kennengelernt haben, aussieht wie Cary Grant. Wir sollten den guten Kampf kämpfen. Wir sollten unser Leben so erfüllt und erfüllend und himmlisch wie nur möglich machen. Wir sollten lernen, mehr Spaß zu haben.

Wenn Sie noch immer nicht einsehen, wieso Sie sich Hobbys zulegen oder Sport treiben oder eine Zeitung lesen sollten, dann überlegen Sie doch nur mal, wie aktiv Männer in dieser Hinsicht sind: Vom faszinierendsten und elegantesten Gentleman bis hin zum dämlichsten und dumpfesten Deppen, sie haben alle irgendeine Sportart, die sie sich für ihr Leben gern anschauen. Sich im Fernsehen Sport anzugucken, während Ehefrauen und Freundinnen zu gelangweilten »Fußball-Witwen« werden, könnte man durchaus als ein Verhalten interpretieren, das Bezugspersonen vor den Kopf stößt, aber das stört Männer nicht, wenn sie förmlich in die Flimmerkiste kriechen und Frauen und die ganze Welt um sich herum vergessen.

In »Ballfieber – Die Geschichte eines Fans«, erörtert Nick Hornby die männliche Fähigkeit, völlig versunken Fußball zu gucken, und gesteht ein, daß es dazu auch eine Kehrseite gibt: »Sie werden verklemmt, sie versagen in ihren Beziehungen mit Frauen, ihre Unterhaltung ist trivial und ungehobelt, sie sind unfähig, ihre emotionalen Bedürfnisse auszudrücken, sie können kein Verhältnis zu ihren Kindern aufbauen, und sie sterben einsam und elend. Aber weißt du, was soll's?« Irgendwie hat Hornby, anders als Bridget Jones, keine Angst davor, daß sein Kadaver von einem Schäferhund halb aufgefressen wird.

Football, ein Spiel, das nicht zu vergleichen ist mit Fußball (obwohl der Unterschied für Frauen, glaube ich, unerheblich ist, da sie in jedem Fall genervt sind), erweckt zumindest den Anschein, als könnte es möglicherweise Spaß machen. Aber Männer betreiben auch Sportarten, die einem grotesk sinnlos vorkommen. Fliegenfischen zum Beispiel. Dabei geht es darum, sich meditativ in Forellen hineinzuversetzen, sie aus dem Wasser zu locken, zu fangen und dann wieder zurückzuwerfen. Ich könnte mir vorstellen, daß viele Frauen mit einer gehörigen Dröhnung Psilocybin intus Spaß daran finden könnten, sich Football anzusehen (und sogar zu spielen); aber mir fällt beim besten Willen keine Droge ein, die mich dazu bringen könnte, für mehrere Tage ins Fliegenfischerland zu verschwinden, umgeben von Grizzlybären zu zelten, mir nicht die Haare waschen zu können und all die Unbequemlichkeiten der Natur zu genießen, nur um diese glitschigen Wesen zu fangen und sie dann wieder zurück in den Fluß zu schmeißen, wo sie sich für den Rest ihrer fischigen Existenz mit einem Zungenpiercing abfinden müssen, um das sie nie gebeten hatten. Obwohl mir viele Männer von den wunderbaren Möglichkeiten vorgeschwärmt haben, die durch achthundertacht unterschiedliche Ködersorten geboten werden, zweifele ich nach wie vor nicht daran, daß es für mich weitaus ergötzlicher ist, drei Stunden lang in der Kosmetikabteilung bei Boots herumzuschnuppern.

Ich erwähne diese persönliche Leidenschaft, weil ich fest davon überzeugt bin, daß Make-up und Mode wirklich keine schädliche Faszination darstellen. Selbst Naomi Wolf gibt zu, daß Lippenstift nicht der Feind ist.

Und ich glaube wirklich, daß man sich daran erfreuen kann, in Schönheit um ihrer selbst willen zu schwelgen, aus reinem Spaß an der Freude, ohne den Hintergedanken, sich einen Mann zu ködern. Im Übermaß jedoch ist dieses Interesse nicht nur eitel, sondern auch gefährlich narzißtisch – genau wie die obsessive Beschäftigung mit einem Mann: Sie denken vielleicht, daß Sie über *ihn* nachdenken, aber in Wirklichkeit denken Sie über sich via ihn nach, und das ist nicht bloß unehrlich und ungesund, sondern es ist auch ein riskanter Weg in eine unehrliche und ungesunde Beziehung.

So bringen Frauen sich selbst in Schwierigkeiten. Frauen, die Besseres zu tun haben, als sich obsessiv zu verhalten, gehen Schwierigkeiten aus dem Weg. Also suchen Sie sich einfach etwas, bei dem Sie restlos enthusiastisch sein können, bloß so zum Spaß. Gehen Sie zum Pferderennen, oder lesen Sie Proust's »Auf der Suche nach der verlorenen Zeit«, alle sieben Teile, oder investieren Sie an der Börse, oder lernen Sie im fortgeschrittenen Alter noch Skilaufen. Die Liste der Möglichkeiten ist unerschöpflich. Es ist leicht, Interessen zu entwickeln – die heißen nämlich so, weil sie *interessant* sind. Man weiß, daß selbst langweilige Menschen sich für das eine oder andere begeistern können – und schon bald merken sie dann, daß sie nur deshalb langweilig waren, weil sie sich gelangweilt haben.

Schauen Sie sich viele Filme an

■

Ich bin gefragt worden, was mit
Genie ist, mit Inspiration. Ja, sicher.
Ohne die sind wir nichts.

                        Terence McNally, »Meisterklasse«

∎

Das Kino zählt ganz sicher zu den Dingen, für die man sich am schnellsten begeistern kann. Mir nichts dir nichts können Sie schlichtweg verrückt sein nach Filmen von Martin Scorsese, Max Ophüls, Robert Altman, Woody Allen oder Bernardo Bertolucci. Falls Sie nach einer Möglichkeit suchen, Ihre Gedanken auf andere Gedanken zu bringen, bietet sich das Kino geradezu an.

Und überhaupt, gestalten Sie Ihr Leben möglichst abwechslungsreich – lesen Sie Bücher, sehen Sie fern, hören Sie Musik, verfolgen Sie jeden spannenden Skandal (aber seien Sie sehr wählerisch bei der Entscheidung, in welchen Sie verwickelt werden wollen). Gehen Sie unbedingt auch ins Theater und zu Ausstellungen. (Natürlich nicht, wenn Sie dergleichen bedrückend und fade finden, aber das ist ein völlig anderes Problem.) Versuchen Sie, wie eine meiner Tutorinnen an der Uni immer gesagt hat, »engagiert« zu sein.

Schließlich ist Kultur, oder wie immer man es nennen will, so ziemlich alles, was wir Menschen zusätzlich zu unserem täglich Brot haben. Ja, das einzige, das uns von den wilden Tieren der Dschungel und Steppen dieser Erde unterscheidet – außer vielleicht, daß wir Raketen gebaut haben, die letztendlich sozusagen der Garant für unsere Selbstzerstörung sind – besteht darin, daß wir Klarinette spielen können, daß wir eine Sternennacht malen, eine Oper komponieren und ein Sonett schreiben können. Apropos Sonette, falls Sie Shakespeare nur aus der Schulzeit kennen, als Sie »Romeo und Julia« lesen mußten, dann sollten Sie vielleicht was daran ändern. Im Gegensatz zu einem weit verbreiteten Irrglauben sind Shakespeares Dramen nämlich leicht zu lesen, sogar entspannend; ganz sicher sind sie keine Hausaufgabe.

Ich weiß, meine Empfehlungen klingen ein bißchen wie das Programm für eine kulturelle Grundausbildung, aber eigentlich geht es mir dabei um das genaue Gegenteil. Denn je mehr Zeit Sie im Kino oder mit einem guten Schmöker verbringen, desto mehr werden Sie feststellen, daß Sie nicht allein sind. Sie werden merken, daß Ihr Gefühlsleben, so beängstigend es Ihnen auch erscheinen mag, wenn Sie an einem Samstag abend mutterseelenallein mit einer Flasche Chianti zu Hause sitzen, in Wirklichkeit ziemlich normal ist. Je mehr Sie lesen, je mehr Sie mit Hilfe der verfügbaren Medien Dinge verfolgen und in sich aufnehmen, desto weniger seltsam werden Sie sich fühlen und desto mehr werden Sie in der Lage sein, ein gewisses Maß an Selbstakzeptanz zu erreichen. Sämtliche Künste werden Ihnen den schlichten Dienst erweisen, die Einzigartigkeit Ihres Unglücks in Frage zu stellen. Die Stärke großer Kunst liegt in ihrer Fähigkeit, Perspektiven zu liefern, und die allerbeste weist eine derart klarsichtige Eigentümlichkeit auf, daß alles Persönliche universal wird.

Nehmen wir zum Beispiel »Blue«, das Album von Joni Mitchell aus dem Jahre 1971. Es ist ein intimer und intensiver Liederzyklus, in dem Geschichten voller Trauer und Kummer und Schmerz erzählt werden, die tief unter die Haut gehen. »Blue« ist eines der offenherzigsten Alben jener Ära, und Ms. Mitchell hat selbst gesagt, daß sie sich während der Arbeit daran ungeheuer verletzlich fühlte, als wäre ihre Haut nur noch eine hauchdünne Folie, durch die jeder tief in sie hineinblicken konnte. Man möchte meinen, daß dieses Seelenstriptease-Album mit seiner einzigartigen Leidenschaftlichkeit eigentlich nur diejenigen anspricht, deren Lebenserfahrungen mit Jonis identisch sind. Aber »Blue« ist millionenfach verkauft worden, und die meisten Leute haben es sich nicht angeschafft, weil sie einen Soundtrack brauchten, um sich die Pulsadern aufzuschlitzen. Der Erfolg von »Blue« läßt darauf schließen, daß sich tatsächlich viele Menschen so schlecht fühlen, wie Joni sich fühlte, als sie die Songs schrieb und das Album aufnahm. Aber er zeigt uns auch, daß viele stabile und gefestigte Menschen ab und an ihre schwierigen Augenblicke haben, in denen nichts anderes hilft als Jonis hohe Stimme und die schräge Gitarrenbegleitung. Was bedeutet, daß all die Verzweiflung und Depression, die Sie in den einsamsten Momenten Ihres Lebens empfinden, selbst beispielsweise für einen Hooligan nachvollziehbar sind, der sich »Blue« gekauft hat, als er noch jung und sensibel und zart war.

Das Tolle daran, sich so richtig in Filme und Bücher

und den ganzen Kram zu versenken, so habe ich herausgefunden, ist die Erkenntnis, daß egal, was in der Welt oder in meinem Leben geschieht, alles schon einmal entweder von dem Barden aus Stratford oder in der Bibel abgehandelt wurde. O. J. Simpsons überspanntes Mordszenarium wurde schon durch »Othello« vorweggenommen. Präsident Clintons Sexsucht und der Schaden, den sie anrichtete, finden sich bereits bei König David und Bathseba.

Die Geschichte wiederholt sich ständig, zuerst als Tragödie, dann als Komödie, und dafür sei Gott gedankt.

Und wo Sie nun schon eifrig dabei sind, sich in den freien Künsten zu bilden, könnten Sie doch auch gleich den ganzen Ramsch in Ihrem Leben ausmisten. Sie könnten aufhören, sich blöde Filme anzusehen. Und mit blöd meine ich nicht die bombastischen, spannenden Kassenschlager à la »Krieg der Sterne«. Ich meine nicht die lustigen und anrührenden Allerweltskomödien wie »Eine Hochzeit zum Verlieben«. Ich meine nicht genial ungehöriges Zeug wie »South Park«. Ich meine keine Filme, in denen Tom Cruise mitspielt und bei denen es um Navy-Piloten oder Rennfahrer geht, weil Tom Cruise in allem, was er macht, ziemlich spektakulär ist, und versuchen Sie bloß nicht, mir das auszureden. Ich meine nicht so einen unsäglichen, einfältigen Quatsch wie »Forrest Gump«, denn wenn ein Film einen so immensen Erfolg hat, sollten Sie mitreden können, Sie wollen ja schließlich nicht die einzige sein, die ihn nicht verreißen kann.

Die Filme, die man sich ersparen sollte, lassen sich eigentlich recht einfach kategorisieren: das jeweils neueste Machwerk mit Sandra Bullock, nahezu jeder

Film, der sich als Thriller ausgibt und das Wort »Instinct«, »verhängnisvoll« oder »Angst« im Titel hat, die meisten Filme, in denen Sharon Stone gegen ihr Image anspielt, jeder Film mit Elle MacPherson, in dem lauter unbegründete Nacktszenen vorkommen, jedes aus dem Ruder gelaufene Desaster wie »Godzilla«, alles mit Sylvester Stallone, das nach 1977 entstanden ist. Leihen Sie sich keine Videos von Filmen aus, die es sechs Monate zuvor nicht wert waren, dafür ins Kino zu gehen. Schrecken Sie nicht vor Untertitelungen zurück: Die Filme von Kieslowski, Almodóvar, Truffaut und vielen, vielen anderen sind über Sprache erhaben.

Und vor allem: Scheuen Sie keine Schwarzweißfilme aus den dreißiger, vierziger und fünfziger Jahren. Nur wenige Filme sind so sexy wie »Frau ohne Gewissen«, so spannend wie »Der dritte Mann« oder so heiß wie »Im Zeichen des Bösen«. In »Sprung in den Tod« hat James Cagney den Begriff *cool* mehr oder weniger erfunden, und Veronica Lake in »Die Narbenhand« war schlichtweg cool. Die Jazz-Szenen in »Dein Schicksal in meiner Hand«, das blonde und brünette Mysterium von Kim Novak in »Vertigo«, der knisternde Flirt zwischen Bogart und Bacall in »Haben und Nichthaben« – das sind cineastische Sternstunden. Ich stelle diese Richtlinien nicht wie ein ärztliches Rezept aus – solche Filme werden Sie nicht zu einem klügeren oder besseren Menschen machen. Es macht ganz einfach Riesenspaß, sie sich anzusehen, und ohne sie würde Ihnen im Leben etwas fehlen. (Ehrlich gesagt, wahrscheinlich werden sie Sie *doch* zu einem klügeren und besseren Menschen machen, aber tun Sie einfach so, als ob Sie sich sie nur so zum Vergnügen anschauen.)

Versuchen Sie mitzukriegen, was in den Kids vor sich geht

■

Es geschieht nichts Neues unter der Sonne.

Prediger 1.9

Sehen wir den Tatsachen ins Auge: Sie werden alt werden, ganz gleich, wieviel Retin-A Sie abends auflegen, ganz gleich, wie viele Alpha- und Beta-Feuchtigkeitsliposome in ihrer Faltencreme sind, ganz gleich, wieviel Vitaminpillen und Jugendseren und rohes Gemüse Sie täglich in sich hineinstopfen. Und Sie werden sich auf einmal fragen, wie es kommt, daß Teenybopper und ihre diversen Idole Ihnen soviel dümmer/lauter/widerwärtiger vorkommen, als Sie und Ihresgleichen es je waren. Sie werden denken, daß Sie in jungen Jahren im Gegensatz zu den Kids von heute noch Ideale und Hoffnungen hatten. Und das Schlimmste daran ist, es scheint ihnen auch noch zu gefallen. Sie werden sich sagen, daß Duran Duran irgendwie, wenn man mal richtig drüber nachdenkt, Sinn und Verstand hatte, während man das von 'N'Sync nicht behaupten kann. Sie werden sich an die Zeit zurückerinnern, als MTV noch *subversiv* war.

Sobald Sie mit Ihrem Abscheu vor der »Musik« der jüngeren Generation fertig sind, werden Sie sich über deren ästhetische Vorlieben wundern – ich jedenfalls. Sie werden grüne Haare und Augenbrauenringe und diese bovinen Nasenringe immer scheußlicher finden. Sie werden sich fragen, warum Teenager sich so häßlich machen wollen, warum sie nicht einfach die bauchfreien Stretch-Shirts und Schichten aus schwarzer Gaze und schwarze Gummiarmreifen bis zum Ellbogen tragen können, wie Madonna uns das beigebracht hat. Sie werden nicht mal ansatzweise verstehen, wieso alle Jungs ein *Mack Daddy* sein wollen, und Sie werden ratlos sein angesichts der Verlockungen von Special K – diesem Tranquilizer für Pferde, der dem User das Gefühl gibt, in einem dunklen Kellerverlies eingeschlossen zu sein – und Sie werden sogar noch fassungsloser sein über die nächste coole Droge, wie auch immer sie heißt, mit der die Rave-Kids die Welt beglücken.

Anders ausgedrückt, Sie werden nicht mehr dazugehören, genau wie Ihre Mutter nicht mehr dazugehört. Sie werden sich regelmäßig Fleetwood Mac und Kate Bush und – der Himmel stehe Ihnen bei – Enya anhören. Hin und wieder werden Sie mal »Never Mind the Bollocks« auflegen, nur um sich selbst zu beweisen, daß das nicht immer so war, daß Sie vor langer Zeit mal jung waren und Passanten zusammenschlagen wollten. Aber im großen und ganzen werden Sie total außen vor sein. Für Ihre pubertierenden Kinder werden Sie eine Witzfigur sein, und Sie werden feststellen, daß Sie keinem unter dreißig trauen. Stile kommen und Bands gehen, und die Rocksäume wandern rauf und runter; nur der Generationenkonflikt ist von Bestand.

Aber das heißt nicht, daß Sie nicht wenigstens ein bißchen was über die Gruppe Limp Bizkit und dergleichen wissen können. Ich selbst muß gestehen, daß ich bis vor kurzem nicht wußte, daß Sean »Puffy« Combs und Puff Daddy ein und dieselbe Person sind; aber jetzt weiß ich es. Sie müssen sich nicht merken, was der jeweilige Rapper des Monats gerade macht, und Sie müssen auch nicht wissen, wer mit einer AK47 auf wen geschossen hat. Sie müssen sich nicht »Ich weiß was du letzten Sommer getan hast« ansehen oder überhaupt einen Film von Wes Craven. Aber Sie sollten wissen, daß Jennifer Love Hewitt das Gesicht von Neutrogena ist, und Sie sollten wenigstens versuchen zu verstehen, wieso zwölfjährige Mädchen wegen Leonardo DiCaprio komplett ausflippen. Sie sollten einfach wissen, was gerade angesagt ist, zumindest so halbwegs.

Denn so trostlos uns dieses Zeug auch im Augenblick erscheinen mag, unsere Kids werden Death-Metal-Musik und Snuff-Movies entdecken, die noch sehr viel schlimmer sein werden als alles, was heutzutage produziert wird. Die Abwärtsspirale zieht uns immer weiter nach unten zu häßlicheren Orten, so, wie ein Abfluß das gebrauchte Badewasser in die Kanalisation saugt. Empörung kann immer nur noch empörender werden. Menschen sind nicht ohne Grund nostalgisch (obwohl ich wirklich sagen muß, daß die Babyboomer sich mal zusammenreißen sollten). Aber Menschen neigen auch dazu, ihre Empörung irgendwann hinter sich zu lassen – zumindest deren schlimmste Ausprägung –, weshalb nur wenige Rockbands dauerhaft Erfolg haben, während Merle Haggard und Frank Sinatra ewig währen. Wirkt Body Count noch bedrohlich? Weiß noch jemand, wer Ugly Kid Joe ist? Und wann haben Sie sich das letzte Mal Jane's Addiction angehört?

Verstehen Sie, worauf ich hinauswill?

Ich hoffe doch. Eines schönen Tages werden Sie nämlich nervös mit einer Stickarbeit in Ihrem Wohnzimmer sitzen und Wimbledon mit abgestelltem Ton gucken, während im Hintergrund irgend etwas Sanftes von James Taylor, *um* 1974, dudelt. Gleichzeitig wird nur ein Zimmer weiter Ihr pubertierender Sohn mit ungewaschenen Haaren zum Klang von etwas sehr Kreischigem den Kopf gegen die Wand schlagen. In diesem Moment, bevor Sie die Männer in den weißen Kitteln anrufen, damit sie ihn abholen, könnte es ganz nützlich sein, wenn Sie wissen, daß das zur Zeit bei den Kids nun mal angesagt ist und daß auch das vorbei gehen wird.

Meiden Sie unbehagliche Situationen

■

Do I want too much?
Am I going overboard to want that touch?
I shout it out to the night:
Give me what I deserve, 'cause it's my right

Lucinda Williams, »Passionate Kisses«

■

    Seien wir ehrlich: Woodstock war ein Ereignis des Jahres 1969. Das Zusammentreffen von Krieg, LSD, Hippietum, Regen, nackten, schlammbedeckten Menschen und einem tagelangen Verkehrsstau auf dem New York State Thruway machte Woodstock zu einem Ereignis. Zu einem *bedeutenden* Ereignis. Man mußte nicht mal die Auftritte der Musiker mitbekommen, um die totale Woodstock-Erfahrung zu machen. Vermutlich hätte man damals schon das Gefühl gehabt, dabei zu sein, wenn man in einem der im Stau steckenden Autos gesessen hätte.

    Aber das war damals. Im Anschluß an die Hell's-Angels-Krawalle beim Altamont-Konzert, das nicht lange nach Woodstock stattfand – und das bedrückend in dem Rolling-Stones-Video »Gimme Shelter« dokumentiert wird –, hätten diese sommerlichen Spinnereien eigentlich eingestellt werden sollen. Vielleicht war das ja auch eine Zeitlang der Fall.

Doch in den letzten Jahren wurden wir von Lollapalooza, Glastonbury, dem Reading Festival und zahlreichen anderen Events mit vielen Gruppen und naßkaltem Wetter heimgesucht. Ich kann Ihnen da nur eines raten: Gehen Sie nicht hin. Vielleicht war es irgendwann in Ihrer Jugend mal richtig lustig, in Schweiß gebadet zu sein und durch den Moshpit getragen und mit warmem Bier begossen zu werden – vielleicht nicht mal aus Zufall. Aber das reicht. Wenn Sie dieses Buch lesen, sind Sie schon zu alt, um bei derlei Unannehmlichkeiten mitzumachen. Verabschieden Sie sich einfach von dem Gedanken, Sonic Youth je wieder live zu sehen, es sei denn der Schauplatz ist ein nettes und schickes und erwachsenenfreundliches Etablissement.

Ebenso sollten Sie niemals irgendwo hingehen, wo Sie gut und gern davon ausgehen können, daß Sie Ihrer Umgebung ausgeliefert sind – und besagte Umgebung höchstwahrscheinlich abscheulich ist. Gehen Sie nie mit Menschen, die Sie nicht besonders gut kennen, auf ein Segelboot, sonst stecken Sie auf einmal in den nautischen Kindheitsträumen von jemand anderem fest. Nichts kann nervtötender sein als ein Mann mittleren Alters am Steuer des Bootes, der am Rad dreht und Ihnen zeigt, wo er Golf spielt oder wo er Möwen jagt und dergleichen mehr, während Sie seekrank sind und keine Chance haben, von dieser kleinen Bananenrepublik zu flüchten.

Als Faustregel gilt: Vermeiden Sie es, sich in irgendwelche völlig unbekannten Situationen zu bringen. Ich meine, wenn Sie eine Abenteuerin sind und für Ihr Leben gern – auch wenn Sie es dabei riskieren – im Himalaja Fallschirmspringen machen würden, dann tun Sie's doch in Gottes Namen. Aber für uns übrige gilt: Überlegen Sie es sich gründlich, bevor Sie sich in ein Umfeld begeben, in dem es viele verschwitzte Körper auf engstem Raum, Mücken, keine Klimaanlage, kein fließendes Wasser und keinen Ausweg gibt. Meiden Sie Zelte. Wenn man Ihnen sagt, daß Sie Ihren eigenen Schlafsack mitbringen sollen, gehen Sie nicht hin. Liefern Sie sich anderen nicht derart auf Gedeih und Verderb aus. Wenn Sie als Kind nie gezeltet haben, sollten Sie jetzt nicht mehr damit anfangen. Sie sind ein großes Mädchen, und Sie haben das Recht auf leibliches Wohl.

Reisen Sie
mit leichtem Gepäck

■

… solche eigenartigen Sachen passieren
andauernd, und immer wieder und immer
wieder, und es steht geschrieben, »wir haben mit
der Vergangenheit abgeschlossen, aber die
Vergangenheit nicht mit uns.

Paul Thomas Anderson, »Magnolia«

■

Nichts ist schlimmer, als beim Umsteigen von einem Flugzeug in ein anderes einen Koffer schleppen zu müssen – prall gefüllt mit – Armani-Kostümen, die Sie ohnehin am Strand nicht tragen werden, acht Büchern, die Sie in sieben Tagen niemals schaffen –, und das an einem Tag, an dem es aus unerfindlichen Gründen schwieriger ist, einen Gepäckwagen zu bekommen als ein Taxi bei Regen. Das Problem wird noch dadurch erschwert, daß Sie wild entschlossen sind, zollfreien Stolichnaya zu kaufen, der das Gewicht zusätzlich erhöht, auch wenn weder Sie noch irgendwer in Ihrem Bekanntenkreis gern Wodka trinkt. Wir alle haben Schränke und Schubladen voll mit unbenutzten Füllfederhaltern, ungetragenen Rheinkieselbroschen, ungekostetem Tee von Harrods, unversprühten Fläschchen Parfüm von Claude Montana, nicht aufgestellten Kristallglasmuscheln von Lalique und schrillen knallbunten Seidenschals, die wir beim Umsteigen in Frankfurt oder Reykjavik erworben haben. Wir alle sind gelegentlich dem Glauben anheimgefallen, daß es mehr Spaß macht, die Mehrwertsteuer zu sparen als einfach unser Geld zu sparen.

Das muß aufhören. Davon kriegt man nur Rückenschmerzen, Kopfschmerzen, Leistenbrüche und schlechte Laune. Wenn es Ihnen gelingt, sich in das Heer derjenigen einzureihen, die nur das mitnehmen, was sie brauchen, wird das Ihr Leben im wahrsten Sinne des Wortes leichter machen.

Außerdem werden Männer sich rettungslos in Sie verlieben. Jeder Kerl, der sie nur mit einer Reisetasche über die Schulter gehängt durch den Zoll gehen sieht, wird Sie für die wunderbarste und coolste Braut halten, der er je begegnet ist. In emotionaler Hinsicht ist es nämlich nicht empfehlenswert, ein Mensch zu sein, der jede Menge schweres Gepäck mit sich herumschleppt. Es gibt einen Zusammenhang zwischen Leuten, die wie Rose Dawson in »Titanic« packen, und Frauen, die an Land nicht ganz stabil sind.

Natürlich sollten Sie jedem Menschen, jedem Ort oder Ding in der Gegenwart offen, ehrlich und neugierig begegnen, aber es ist überflüssig, das Elend der Vergangenheit in aktuelle Geschehnisse hineinzuziehen und zu verlangen, daß jemand, der *nicht* der Vater ist, der Sie vor Jahren mißbrauchte/vernachlässigte, gezwungen wird, vergangenes Unrecht zu kompensieren. Achten Sie Verjährungsfristen, und verurteilen Sie nicht den Falschen. Ihre alten Dämonen lassen sich besser austreiben, wenn Sie die Kunst pflegen, ein Mensch zu sein, dessen Bedürfnisse genau und erschöpfend zu erfüllen sind.

Wenn es die wahre Liebe ist, sind keine Regeln zu beachten

■

Doch Liebe ist schwer aufzuhalten.

Ted Hughes, »Lovesong«

■

    Es sind Hunderte von Filmen gedreht worden, die die optimistische – und *realistische* – Wahrheit zeigen: Liebe siegt immer.

Denken wir an Andie MacDowell und Hugh Grant – alias Carrie und Charles – in »Vier Hochzeiten und ein Todesfall«. Ihre Ehe mit einem Mann, der dreimal so alt ist wie sie, und seine vereitelte Trauung mit einer Frau, die seine Freunde »Duckface« nennen, hielt sie nicht davon ab, am Ende zueinander zu finden. Es waren zwar eine gewisse Zeit und einige unangenehme Komplikationen erforderlich, aber sie haben ihren Weg gefunden. Und das ist nicht bloß typischer Hollywood-Kitsch (abgesehen davon, daß es ein britischer Film ist). Die reine Wahrheit ist die, daß es nahezu unmöglich ist, zwei Menschen voneinander getrennt zu halten, die sich verbunden fühlen – ich meine, *wirklich* verbunden. Trotz gewaltiger Schwierigkeiten wird sich letzten Endes erweisen, daß höhere Mächte sich verschworen haben, um die beiden zusammenzubringen, und daß ein anderer Schluß gar nicht möglich wäre. Ich habe Bekannte, die glücklich und zufrieden (zumindest derzeit) mit Menschen zusammenleben, die sie kennenlernten, als sie noch mit jemand anderem verheiratet waren oder zusammenlebten oder sonstwie fest gebunden waren. Die langen und komplizierten Geschichten, wie sie dann zusammenkamen – wie sie die ganze Zeit während ihrer jeweiligen Ehe und Scheidung und Stationierung in Brasilien oder Arbeit in Papua-Neuguinea miteinander in Kontakt blieben –, sind klein und unbedeutend und dürftig verglichen mit der Größe der Liebe.

Was nicht heißen soll, daß Sie alle Etikette des Umwerbens in den Wind schlagen sollten, sobald Sie das komische Gefühl haben, daß »er derjenige welcher« ist. Vermutlich wird es nämlich viele geben, die als »derjenige welcher« in Frage kommen. Anders als in Platons »Symposion«, wo alle Menschen einmal mit ihren Seelengefährten körperlich verbunden waren – bevor sie zur Strafe für ihre Selbstzufriedenheit von den Göttern getrennt wurden und dazu verdammt waren, die Welt elendig auf der Suche nach ihrer anderen Hälfte zu durchwandern –, trifft es nämlich nicht zu, daß nur ein einziges teueres Herz zu Ihrem paßt. Es gibt viele, viele Menschen, mit denen Sie im Laufe Ihres Lebens glücklich sein können und es vielleicht auch werden; lassen Sie sich von irgendwelchen Unkenrufern nicht das Gegenteil einreden. Aber wenn es absolut und unverkennbar wahre Liebe ist, können Sie eigentlich nur wenig tun, um sie kaputtzumachen oder den anderen so zu befremden, daß er sich abwendet. Die Situation wird sich einfach entwickeln.

Ich weiß, daß heutzutage viel über die Rückkehr zu altmodischen Beziehungsregeln geredet wird: daß eine Frau dem Mann den ersten Schritt überlassen sollte, daß sie abwarten sollte, bis er anruft, daß sie zu Anfang supercool sein sollte – fast unterkühlt. Ehrlicherweise kann ich dazu nichts sagen, weil diejenigen meiner Bekannten, die in glücklichen Zweierbeziehungen leben, auf die unterschiedlichsten Weisen zueinander gefunden haben. In einem Fall ist die Frau auf den Mann zumarschiert und hat so was in der Art gesagt wie »Ich bin so scharf auf dich, daß ich auf der Stelle tot umfalle, wenn ich dich heute nacht nicht ins Bett kriege«. In einem anderen Fall hat der Mann sich ihre Nummer von einem Bekannten eines Bekannten besorgt, weil er zu schüchtern war, sie auf einer Party anzusprechen, und obwohl sie, als er dann anrief, keine Ahnung hatte, wer er war, verabredete sie sich auf einen Cocktail mit ihm. Ich habe auch gehört, daß Menschen sich schon in Discos und auf Orgien kennengelernt haben, obwohl ich nie jemandem begegnet bin, dem so was passiert ist. Ich kenne Menschen, die zu ihrer alten Liebe aus der High-School zurückgefunden haben, und ich kenne andere, die sich bei der Arbeit und bei Dichterlesungen und bei Autohändlern begegnet sind. Ich kenne Menschen, die von ihren jeweiligen Großmüttern zusammengebracht wurden. Liebe ist ein gesetzloses Feld – aber es scheint wirklich so, als würde sich wahre Liebe ihre eigenen Wege suchen.

Der einzige Partner, mit dem ich je glücklich war, war ein Mann, der mich zu einer Vielzahl unmöglicher Verhaltensweisen trieb, um ihn zu kriegen. Im ersten Jahr wurde unsere Beziehung durch die Entfernung zwischen Michigan und Massachusetts erschwert, und im zweiten Jahr durch die noch größere Entfernung zwischen Texas und New York. Einen Großteil der Zeit hatte er noch eine andere Freundin, und ich selbst hatte einige schwierige partnerähnliche Beziehungen laufen. Als wir schließlich in derselben Stadt lebten, mußte ich ein Jahr lang alle meine Verführungskünste aufbieten und ihm ordentlich zusetzen, bis er sich endlich von seiner Freundin trennte und zu mir zurückkehrte.

Wenn es nicht wahre Liebe gewesen wäre, hätte ich wie eine manische Irre gewirkt, und er wäre vielleicht gezwungen gewesen, die zuständigen Behörden einzuschalten. Aber meine Mission war gerecht: Ich *wußte*, daß wir zusammengehörten, und der Beweis dafür war einfach der, daß wir schließlich auch zusammenkamen. Schwierig ist, daß es keine verläßliche Möglichkeit gibt herauszufinden, ob ein Mensch es wert ist, auf ihn zu warten und um ihn zu kämpfen. Das wissen Sie erst, wenn Sie es wissen, falls Sie verstehen, was ich meine. Das ist eine von diesen Situationen, in denen der Zweck die Mittel heiligt.

Und die Grenze zwischen Liebe und Verwirrung ist ausgesprochen dünn. Wenn Sie sicher sind, daß eine Stimme in Ihrem Kopf etwas in der Art sagt wie »Diesmal ist es das einzig Wahre«, dann kann das Intuition sein – aber es könnte auch das erste Anzeichen einer schweren psychischen Störung sein. Deshalb ist es ratsamer, sich an die Regeln zu halten und sich nicht rückhaltlos in die erstbeste Situation zu stürzen, ohne zunächst vorsichtig auf Abstand zu gehen. Wenn es Liebe ist, werden die meisten Mechanismen des Aufbaus einer Beziehung schon ganz von allein laufen.

Es spielt keine Rolle, wann Sie das erste Mal mit jemandem schlafen, aber Sie sollten *wirklich* bereit sein

▪

Do I read you correctly?
I need you directly
Help me with this part
Do I hate you?
Do I date you?
I got a dyslexic heart

                Paul Westerberg, »Dyslexic Heart«

■

Wie sehr wir auch versuchen, Sex von Liebe zu trennen, wir wissen alle, daß es im wirklichen Leben so nicht funktioniert. Sie sagen sich, während Sie an einem Abend mit etwas zuviel Tequila irgendeinen wildfremden Mann mit nach Hause nehmen, »Ich liebe diesen Menschen nicht; ich weiß nicht mal genau, wie er heißt. Ich finde bloß, daß er ein absolut heißer Typ ist, und ich will mit ihm vögeln.« Sie reden sich ein, daß er trotz seiner langen, schönen, blonden Haare, die Sie an Gregg Allmans Haarpracht erinnern (ich fürchte, ich schwärme jetzt ein bißchen von mir selbst), oder trotz seines wahnsinnig frechen Lächelns, bei dem Sie alles vergessen, was Sie je wußten, einfach nicht gut für Sie ist. Er kann sich schlecht ausdrücken, oder vielleicht spricht er nicht mal Ihre Sprache. Oder er war in der Schule ein totaler Versager und meint, Lord Byron wäre der Name eines Rockstars (stimmt ja auch, irgendwie). Sie könnten Millionen Gründe dafür aufzählen, warum ein Typ zehn Meter unter Ihnen steht, warum er bloß ein Spielzeug ist, nur unmittelbar fürs Bett zu gebrauchen. Und da Sie genau wissen, daß er absolut nicht zu einem schlauen, gebildeten Mädchen wie Sie paßt, das »Middlemarch« bis ganz zu Ende gelesen hat und echte Perlen und Chanel Nr. 5 trägt, sind Sie sicher, daß Sie ihn auf eine wilde Nacht mit nach Hause nehmen, ihn ordentlich durchbumsen und ihn anschließend ja immer noch nach seinem Namen fragen können.

Schließlich machen Männer dergleichen ja offenbar ohne mit der Wimper zu zucken. Und in unserer postfeministischen Welt sollten auch Sie dazu fähig sein.

Sie glauben, Sie sind dazu fähig.

Und vielleicht sind Sie es ja.

Aber Ihr Verstand wird Ihnen ein Schnippchen schlagen. Ich persönlich hatte im Laufe der Jahre mit so vielen Männern zu tun, die alle falsch für mich waren, von denen ich *wußte*, daß sie nicht zu mir paßten und es so genau wußte, daß ich dachte, es wäre ungefährlich, mit ihnen zu schlafen, es wäre völlig bedeutungslos – und dann, am nächsten Morgen, suche ich nach Namen für unsere Kinder, für alle sechs, und frage mich, was für versnobte, hochnäsige Vorstellungen mich zu dem Gedanken verführt haben, daß ein Mann, der die HighSchool abgebrochen hat und als Gärtner arbeitet, unter meiner Würde ist. Ich versuche, ihn als Botaniker zu sehen. Währenddessen ist der Gärtner noch im Tiefschlaf oder tut wenigstens so und hofft, daß ich schon weg bin, wenn er wach wird. (Und das bei *mir* zu Hause.)

Die Sache ist die: Sex ist so emotionsgeladen, daß viele sich wünschen, irgendwer würde eine Regel aufstellen, wann Sex in Ordnung ist – und wann nicht. Leider läßt sich unmöglich sagen, ob man gleich bei der ersten Verabredung Sex haben sollte oder bei der vierzigsten; Tatsache ist, es spielt keine Rolle.

Aber Sie sollten unbedingt wissen, *warum* Sie das tun, was Sie tun, was immer es auch ist, weil es nämlich alles verändert; das ganze Wesen der Beziehung wird durch den Sexualakt transformiert. Daß Frauen nachher häufig bedürftiger und unsicherer sind, daran gibt es nichts zu deuteln, und ich persönlich wäre lieber bei jemandem bedürftig und unsicher, den ich schon eine Weile kenne – aber da kann ich eben nur von mir reden. Wiegen Sie sich nicht in dem Irrglauben, nur weil sie nach einer wilden Nacht mit sensationellem Sex plötzlich den Drang verspüren, Tapeten aussuchen zu gehen, müßte der Typ neben Ihnen das gleiche empfinden. Umgekehrt gilt, wenn Sie *wissen*, daß Sie am nächsten Morgen mit einer häuslichen Zwangsvorstellung dieser Art aufstehen werden, sollten Sie sich überlegen, ob es nicht klüger wäre, noch ein Weilchen zu warten.

Achten Sie stets darauf, wie Sie sich fühlen, nicht darauf, wie er sich fühlt

■

Wenn ich ich bin, weil ich ich bin, und wenn du du bist, weil du du bist, bin ich ich und du bist du. Wenn ich hingegen ich bin, weil du du bist, und wenn du du bist, weil ich ich bin, dann bin ich nicht ich und du bist nicht du.

Yasmina Reza, »Kunst«

∎

Wenn Sie sind wie ich – und vermutlich wie die meisten von uns –, dann gehen Sie unsicher durch dieses Leben, fragen sich, was andere Menschen über Sie denken, und fürchten, daß sie Sie verurteilen. Da all diese anderen aber höchstwahrscheinlich auch mit dem gleichen Unsicherheitsgefühl herumlaufen, brauchen Sie sich keine Gedanken darum zu machen, was sie über Sie denken, weil sie das vermutlich gar nicht tun. Je eher Sie das einsehen, desto leichter wird es Ihnen fallen, durchs Leben zu gleiten, unversehrt und sorglos.

Diese Fixierung darauf, was andere Leute denken, ist besonders tückisch, wenn sie sich auf einen Mann bezieht, der Ihnen wichtig ist. Zu Beginn einer Beziehung laufen sie ständig mit einem Gänseblümchen herum, zupfen die Blütenblätter aus und fragen sich, ob er Sie liebt oder nicht liebt. Derweil kann es Ihnen leicht passieren, daß Sie ganz aus den Augen verlieren, was *Sie* eigentlich für ihn empfinden. Und Sie hocken mit Ihren

Freundinnen zusammen und analysieren jede kleinste Begebenheit – als ob ...

Tatsache ist, das Studieren von Teeblättern, das Deuten des I-ching, das Legen von Tarot-Karten oder die Gespräche mit Parapsychologen können Ihnen so manchen Einblick in das verschaffen, was vor sich geht – aber nur in das, was mit *Ihnen* vor sich geht. Falls Sie keine übersinnlichen Fähigkeiten besitzen, können Sie unmöglich feststellen, was *er* denkt und fühlt. Wenn er anruft und Zeit mit Ihnen verbringen will, so sind das ziemlich gute Anzeichen dafür, daß er Sie zumindest *mag*, aber abgesehen davon kann alles Mögliche passieren, und Sie können wahrscheinlich nur abwarten und Tee trinken. Alles weitere wird sich zeigen.

Derweil sollten Sie sich jedesmal, wenn Sie darüber nachgrübeln, was *er* für Sie empfindet, ob *er* Sie mag, ob *er* Sie liebt, ob *er* sich nach Ihnen sehnt, zur Abwechslung die Frage zu stellen, was *Sie* für ihn empfinden. Denn das ist das Einzige, was zählt, das Einzige, was Sie wirklich wissen können, und das Einzige, worüber Sie sich wirklich klar werden sollten. Häufig spiegelt sich in Ihrem Nachdenken über seine Gefühle in Wahrheit Ihre eigene Ambivalenz wider; vielleicht sind Sie ja doch nicht so verdammt verrückt nach ihm; vielleicht *wollen* Sie ihn ja nur wollen – was blöd ist. Es kommt vor, daß wir derart versessen darauf sind, verliebt und glücklich zu sein und den ganzen Kram, daß wir ganz vergessen, uns zu fragen, was wir denn nun wirklich von einem bestimmten Mann halten. Männer scheinen nicht so leicht in diese Falle zu tappen.

Aufgrund einer bunten Vielzahl biologischer und soziologischer Gründe – von denen die meisten einfach offenkundig, aber noch lange nicht fair sind – sind Männer nur selten so darauf erpicht, eine Beziehung einzugehen, daß sie ohne weiteres über die fürchterlichen Tischmanieren einer Dame, ihre gestelzte Ausdrucksweise und ihren überaus häßlichen orangefarbenen Lidschatten hinwegsehen. Frauen dagegen scheinen manchmal gewillt zu glauben, daß Hitler bloß ein tierlieber Vegetarier war, und alles übrige zu ignorieren. Das ist ein Problem. Auf diese Weise landen wir nämlich in Beziehungen, die nicht klappen, und wenn sie dann gescheitert sind, fragen wir uns mit obsessiven Selbstzweifeln, »wieso hat er mich nicht gemocht«? Irgendwie vergessen wir dabei, daß er soviel Charisma wie John Major hat, soviel Sexappeal wie Boris Jelzin, daß er tanzt wie ein Weißer und daß er sich die Carpenters ohne jede ironische Distanz anhört.

Anders ausgedrückt, Sie werden von einem Mann schwärmen, den Sie eigentlich nicht mal mögen sollten.

Es ist an der Zeit, mit diesem Irrsinn aufzuhören. Achten Sie darauf, was Sie über den gerade aktuellen Schwerenöter denken, und verlieben Sie sich nicht in den Erstbesten, der Ihnen in dieser Woche zu schaffen macht. Anstatt ein Jahr mit Zeitvergeudung zu vergeuden, sollten Sie lieber überprüfen, was Sie wirklich von dem Kerl halten. In der ganzen Zeit, die Sie in irgendeinen Loser investieren, könnten Sie wahrscheinlich zwanzig Leute kennenlernen, bei denen Sie sich rundherum wohl fühlen und vor lauter Freude Jitterbug tanzen könnten. Auch in diesem Fall werden Sie mir einfach glauben müssen. Sobald Sie anfangen, sich auf Ihr eigenes Herz zu konzentrieren und es ernst zu nehmen, regelt sich manches andere von allein.

Versuchen Sie nicht, mit Ihrem Ex befreundet zu bleiben

■

I love the words you wrote to me
But that was bloody yesterday
I can't survive on what you send
Every time you need a friend

>Billy Bragg, »A New England«

■

Tun Sie nicht so als ob. Machen Sie sich nichts vor. Sie *wissen*, daß Sie doch bloß darauf warten, daß er zurückkommt, oder er bloß darauf wartet, daß Sie aufgeben oder nachgeben – keiner von euch beiden will wirklich eine Freundschaft, weil das so nicht läuft. Jemand, der Sie verletzt – und das ist normalerweise der Fall, wenn Menschen sich trennen – ist per definitionem *nicht* Ihr Freund. Wenn jemand Ihnen wichtig war und Sie den Kontakt irgendwie aufrechterhalten wollen und alle paar Jahre mal zusammen Kaffee trinken, um in Erinnerungen zu schwelgen, um die Bedeutung dieser Beziehung zu würdigen, okay, kein Problem; treffen Sie sich in irgendeinem Café mit ihm, oder schicken Sie eine Weihnachtskarte, oder nehmen Sie hin und wieder mal ein R-Gespräch entgegen.

Doch der Mythos von der Freundschaft mit einem ehemaligen Beziehungspartner, ist – mit wenigen Ausnahmen – eine der gemeinsten und am häufigsten übersehenen Täuschungen der sexuellen Revolution. Ob Sie nun sitzengelassen wurden oder jemanden sitzengelassen haben, wieso sollten Sie den Unfallort dieses emotionalen Totalschadens immer wieder besuchen wollen? Was hat eine derartige Quälerei für einen Sinn? Falls Sie einen Freund brauchen, gehen Sie zum Tierheim, und nehmen Sie sich einen mit nach Hause. Aber verwechseln Sie »Freundschaft« nicht mit Freundschaft.

Nachdem ich meine Position in aller Schärfe deutlich gemacht habe, muß ich sie leicht modifizieren und eine kleine Einschränkung machen. Aber bedenken Sie: *Dieser Vorbehalt bezieht sich nur auf die Zeitspanne unmittelbar nach einer schmerzhaften Trennung.* Schließlich muß ehrlicherweise gesagt werden, daß nur wenige von uns diesem hohen Anspruch sofort gerecht werden können, denn der Verlust eines Beziehungspartners ist natürlich auch der Verlust eines guten Freundes und eines Gefährten. Nach der ersten Trennung wird Ihnen eine Gnadenfrist zugestanden – sie sollte nicht länger als ein oder zwei Monate dauern, je nach dem, wie lange Sie beide ein Paar waren und wie unvorbereitet der Bruch Sie getroffen hat –, in der es einiges Hin und Her geben darf, einige Gespräche darüber, sich wieder zusammenzutun, und, natürlich, einige Nächte, in denen Sie dem Fleischeselend von Postbeziehungssex frönen.

Mädchen, eins könnt ihr mir glauben: Die schlechteste Art von Sex ist Sex mit jemandem, von dem ihr frisch getrennt seid, weil dadurch falsche Hoffnungen geweckt werden und am Morgen danach viel Ratlosigkeit darüber herrscht, *was es bedeutet* und *was nun zu tun ist*. Normalerweise muß einer von beiden – und meiner Erfahrung nach ist das immer *er* – entweder zur Arbeit oder ist zum Tennis verabredet, was bedeutet, daß man den ganzen Tag mit diesem zwanghaften, konfusen Gefühl herumläuft. Der einzige Grund, der ein solches Verhalten akzeptabel macht, ist ganz einfach der, daß es Sie derart schlaucht, daß Sie schließlich auf alle viere sinken und um Erlösung von dieser krankmachenden Situation beten, und plötzlich reicht es dann auch.

Sie werden erkennen, und zwar mit großer Klarheit, daß diese ganzen Kopfloses-Huhn-Aktivitäten Ihnen eigentlich doch nur die Energie abzapfen, die Sie gut für die erfreuliche Aufgabe gebrauchen könnten, Ihr Leben wieder in den Griff zu kriegen.

Gönnen Sie sich Ihren gerechten Zorn

■

And when she burns you again
And your phone doesn't ring
Baby it's me

    Mary-Chapin Carpenter, »Never had it so bad«

■

Gönnen Sie sich Ihren gerechten Zorn. Aber in Maßen.

Seien Sie nicht wie Paula Jones, verwechseln Sie nicht ein banales Ärgernis mit etwas, worüber man sich tierisch aufregen sollte. Was nicht heißen soll, daß Ms. Jones nicht allen Grund hatte, stinksauer darüber zu sein, wie Bill Clinton sie angeblich vor vielen Jahren in jener Hotelsuite behandelt hat. Ich meine nur, daß der Prozeß, den sie angestrebt hat, ein ziemlich gutes Beispiel dafür ist, was die Leute meinen, wenn sie sagen, »Mach doch nicht gleich aus einer Mücke einen Elefanten«. Die Frau ist jetzt verheiratet und hat Kinder, ihre Karriere – oder besser gesagt, ihre Arbeitsstelle – war durch diese zehnminütige Begegnung, so unangenehm sie auch gewesen sein mag, in keinerlei Weise gefährdet. Und wenn sie wirklich derart erbost darüber war, dann hätte sie damals direkt etwas unternehmen sollen, nicht erst später, als er schon Präsident und die ganze Situation noch pikanter war. Jeder, selbst das größte Arschloch auf Erden, hat das Recht auf ein ordentliches Verfahren. Paula Jones hätte von vielen Feministinnen – mich eingeschlossen – sehr viel mehr Sympathien geerntet, wenn sie die Klage zur gegebenen Zeit eingereicht hätte.

Es ist nicht fair, sich seinen gerechten Zorn für einen späteren taktischen Einsatz aufzusparen. Ich weiß, daß aufgestaute Wut zur brodelnden und brutalen Waffe werden kann, die nur darauf wartet, möglichen zukünftigen Feinden gegenüber gezückt zu werden. Aber Sie sollten lernen, wie eine Lady zu kämpfen. Ein gutes Duell war schon immer ein Zeitvertreib unter Gentlemen und daher eine überaus beliebte Form der Exekution; wir Angehörige des schönen Geschlechts sollten aus diesem Beispiel eine Lehre ziehen. Falls Sie nicht vorhaben, sich einer Gemeinschaftsklage anzuschließen, die ein Kollektiv von Opfern Jahre nach der Tat einreicht, sollten Sie die Verletzungen und Verstöße des Lebens lieber zur rechten Zeit und am rechten Ort beim Namen nennen und beheben und dabei möglichst versuchen, so geradlinig und bestimmt zu sein wie ein Pistolenschuß. Und wenn Sie die Rechnung beglichen haben – oder ganz einfach zu dem Schluß gekommen sind, daß der Aufwand sich nicht lohnt –, dann gehen Sie am besten weiter und lassen die Ungerechtigkeiten und Unbilligkeiten des Lebens hinter sich.

Was Ihr Verhalten an der eher privaten Front angeht, sollten Sie doppelt streng mit sich sein. Denn wenn Sie schon längst vergessen haben, was oder wer Sie so wütend gemacht hat, werden Sie sich noch immer daran erinnern, ob Sie sich einigermaßen würdevoll benommen haben oder nicht – und wenn ersteres zutrifft, können Sie sich Ihr Leben lang darüber freuen, wie über einen Pokal auf dem Kaminsims. Wenn Sie dagegen eine Szene hinlegen mit allem, was dazu gehört – lautstarke Beschimpfungen, Geschirr werfen, Bücher verbrennen, Nachbarn aufschrecken, nächtliche Ruhestörung, den anderen mit einer Machete die Straße hinunter verfolgen –, wenn die Sache damit endet, daß einer oder beide die Nacht im Gefängnis verbringen, dann ist das einfach nicht gut.

Es folgen nun ein paar einfache Tips, wie man seinen gerechten Zorn mit Anstand ausleben kann. Die wichtigste Regel dabei ist, niemals Dritte mit hineinzuziehen, niemals Freunde und Bekannte zu bitten, als Vermittler irgendwelche Botschaften zu überbringen. Damit erreichen Sie nichts, außer daß sich der andere manipuliert fühlt und Sie sich fühlen wie eine Sechstkläßlerin. Wenn ein Mann Ihre Gefühle verletzt hat, machen Sie ihm begreiflich, wie schlecht Sie sich wegen ihm fühlen – und stehen Sie dazu. Wenn Sie jemandem sagen, er soll verduften und sich nie wieder blicken lassen, dann sollte es Ihnen ernst damit sein – hoffen Sie nicht insgeheim darauf, daß er wieder angekrochen kommt; bluffen Sie nicht, wenn Sie nicht beim Wort genommen werden wollen. Das ist wirklich wichtig, weil so manche törichte junge Frau im Zuge eines Machtspielchens mit ihrem Freund Schluß gemacht hat, in der Erwartung, daß er sich ihr zu Füßen wirft und um Vergebung fleht, nur um dann zu erleben, daß er schnellstens die Kurve gekratzt hat und schon zwei Wochen später zusammen mit einer ihr höchst unangenehmen, aber sehr aparten Französin gesehen wird, die Gauloises raucht und sich Zaza nennt.

Das ist ganz eindeutig nicht das Ergebnis, das Sie sich erhofft haben.

Gerechter Zorn ist ein befreiendes, belebendes Gefühl, das Sie nur dann wirklich empfinden können, wenn Sie sicher sind, im Recht zu sein, wenn Sie wissen, daß Ihnen Unrecht geschehen ist. Dieses Gefühl wird sich nicht allzu oft bei Ihnen einstellen, also kosten Sie es aus, suhlen Sie sich darin, hüllen Sie sich in seine Wärme wie in einen Wollmantel. Sagen Sie Ihrem Ex unverblümt ins Gesicht, daß Sie gar nicht begreifen können, wie ein derart mieser Liebhaber wie er Ihnen so das Herz brechen konnte. Aber überlegen Sie es sich gut, bevor Sie das tun. Wenn es Ihnen nicht wirklich ernst damit ist, wirken Sie bloß wie eine verzweifelte, tobsüchtige Irre und nicht wie eine Frau, die er mal geliebt hat – und vielleicht sogar noch immer liebt: eine Frau, die jetzt ruhig und entschlossen aus seinem Leben spaziert.

Die einzige Art,
jemanden aus dem Kopf
zu kriegen, ist die,
jemand anderen ins Bett
zu kriegen

■

And everytime I scratch my nails on someone else's back
I hope you feel it

>Alanis Morisette, »You Oughta Know«

Natürlich kann die Taktik, so schnell wie möglich mit jemand anderem ins Bett zu gehen, leicht ins Auge gehen, also ist sie nur zu empfehlen, wenn Sie wirklich wissen, was Sie tun.

In einer solchen Situation bieten sich Exlover mit gutem Ruf an. Aber es müssen wirklich Männer sein, an denen Sie das Interesse verloren haben. Und zwar schon vor Jahren. Sie sollten sich einen Mann aussuchen, mit dem Sie unverbindlich und flüchtig Kontakt haben (zum Beispiel den Typen, den Sie gelegentlich im Starbucks sehen), jemanden, den Sie so ernst nehmen, daß Ihnen durch seine Aufmerksamkeiten ein wenig das Herz flattert und ein kleiner prickelnder Schauer durch den Körper läuft – aber nicht zuviel. Nicht so viel, daß Sie sich am Ende – Gott bewahre! – gleich am nächsten Tag wieder mit ihm treffen wollen. Schließlich schlafen Sie mit dem einen Mann, um sich innerlich von dem anderen zu befreien, und da wollen Sie doch wohl nicht gleich *zwei* Männer auf einmal, die Ihnen das Herz schwermachen und sonst nicht viel bringen.

Ihr Gefühlsleben in den Nachwehen einer Trennung ist ohnehin schon so chaotisch, daß Sie sich nur Tröstliches und Wohltuendes zumuten sollten. In dieser Phase tun Gesichtsmasken und Massagen gut, aber *auf keinen Fall ein neuer Kurzhaarschnitt*: Es kommt vor, daß von Liebeskummer gebeutelte Frauen mit langen wallenden Locken einen Friseursalon betreten – und als Johnny-Rotten-Doppelgänger, um 1978, wieder herauskommen. Wenn Ihr Herz so weh tut, als wäre es mehr als nur ein lebenswichtiges Organ, sollte Schadensreduzierung Ihre oberste Priorität sein, also gehen Sie behutsam mit sich um.

Es ist völlig verständlich, daß Sie sich in dem verzweifelten Wunsch, dem Grauen in Ihrem Kopf zu entfliehen, auf einige höchst unvorteilhafte Gestalten und Situationen einlassen. Falls es da draußen irgendeinen Typen gibt, der Ihnen in Ihrem angeschlagenen Zustand dienlich sein kann, sollten Sie ihn unbedingt als Hilfsquelle nutzen und seinen Energievorrat verbrauchen, bis er den Ihren vollständig erschöpft hat. Vögeln Sie sich in dem Bett, das Sie mit Ihrem Ex geteilt haben, regelrecht um den Verstand, und denken Sie dabei die ganze Zeit »Ha Ha Ha Ha Ha«.

Aber nach wie vor gilt: »Erkenne Dich selbst« – und folglich sollten Sie sich selbst nichts vormachen. Falls Sie auch nur ansatzweise spüren, daß Sie kurz davor sind, in eine Situation hineinzugleiten, die sich von schlecht zu völlig verrückt entwickeln könnte, nehmen Sie Abstand davon.

Tun Sie nichts

■

Ein gewisses Maß an Einsicht, das sich einstellt,
je älter und reifer man wird, führt zu der
Erkenntnis, daß es gar nicht so furchtbar
schlimm ist, nicht im Auge des Hurrikans zu
sein.

Bette Middler

■

Tun Sie nichts. Das ist wirklich ein harter Brocken. Und zwar deshalb, weil es darum geht, eine tiefe Passivität in Ihrem Gefühlsleben zu pflegen – eine zarte Ruhe, die sich auf jeden anderen Aspekt Ihres Lebens vermutlich verheerend auswirken würde. Also kommen Sie nicht auf die Idee, Nichtstun würde bedeuten, daß Sie sich die Stunden damit vertreiben, auf dem Sofa zu sitzen und Süßigkeiten zu naschen, während Sie eigentlich bei der Arbeit sein sollten, um Ihren wenn auch noch so kleinen Beitrag an der Gestaltung der Welt zu leisten. Nichtstun bedeutet keinesfalls, sich wie ein fauler, nutzloser Tagedieb zu benehmen.

Nichtstun ist das Gegenteil von, sagen wir, einen Mann zu bumsen, um nicht mehr an einen anderen denken zu müssen. Oder im Zustand der Verzweiflung Ihren frischgebackenen Ex anzurufen, um ihm zu sagen, daß Sie ohne ihn nicht leben können, wo doch schon allein durch die Tatsache, daß Sie ohne jegliche ärztliche Unterstützung atmen, die Unwahrheit dieser Behauptung bewiesen ist: Sie *können* ohne ihn leben, Sie *haben* schon ohne ihn gelebt, und Sie werden auch weiterhin ohne ihn leben. Nichtstun bedeutet die bewußte Entscheidung, das Drama nicht noch mehr anzukurbeln. Es bedeutet die Weigerung, dem Sog des Eskapismus nachzugeben, so verlockend es in dieser Phase auch ist, der Realität des Lebens zu entfliehen. Nichtstun bedeutet, nicht einen Flachmann mit Cognac zu leeren, und es bedeutet, den nächsten Tag nicht kotzend und mit Kopfschmerzen im Bett zu verbringen, die einfach nicht weggehen, egal, wie Sie sich hinlegen oder das Kopfkissen zurechtrücken. Es bedeutet, keinen Flug nach Marokko zu buchen – weil gut unterrichtete Kreise verlautet haben, daß es so etwas wie Schmerz in Marrakesch nicht gibt –, wenn Sie wissen, daß Sie weder das Geld noch die Zeit für eine solche Reise haben. Es bedeutet, nicht verschiedene Menschen in Ihrem Leben anzurufen und mit Selbstmord zu drohen, wenn Sie genau wissen, daß das nicht passieren wird.

Nichtstun bedeutet, ruhig um Hilfe zu bitten, wenn Sie welche brauchen, und das Gute anzunehmen, das Sie von Menschen, denen etwas an Ihnen liegt, bekommen können, auch wenn Sie in Notzeiten vermutlich immer das Gefühl haben werden, daß es nicht genug ist.

Nichtstun bedeutet, sich für süße Ruhe zu entscheiden. Es bedeutet, Ihre Einsamkeit einfach auszuhalten und den Versuch zu unternehmen, sich damit abzufinden, wie schlecht Sie sich fühlen, ohne auf Verhaltensmuster zurückzugreifen, von denen Sie tief in Ihrem Inneren wissen, daß sie nichts bringen. Es bedeutet, lange kontemplative Spaziergänge im Park zu machen, sich mit Freundinnen zum Tee zu verabreden und alberne Selbsthilfebücher zu lesen, bis Sie jede populärwissenschaftliche Theorie über Frauen und Verlassensängste und das Fehlen von Konstanz und die Unfähigkeit, Zorn konstruktiv einzusetzen, in- und auswendig kennen. Es bedeutet, die Horoskope in »Elle« und »Vogue« und »Marie Claire« zu lesen und sie auf Übereinstimmungen und Widersprüche hin zu vergleichen. Es bedeutet, nicht mehr zu tun als all die netten, ruhigen Dinge, von denen Sie genau wissen, daß sie Ihnen nicht schaden werden. Es bedeutet, kein theatralisches Getue zu veranstalten und nicht in Hysterie zu verfallen, es bedeutet zu wissen, daß nur die Zeit und innerer Frieden wirklich helfen können.

Im Grunde läuft es darauf hinaus, nicht gegen etwas anzukämpfen, was Sie nicht kontrollieren können, sondern es einfach durchzustehen. Wenn Sie beim Skilaufen plötzlich von einer Lawine überrascht würden, dann würden Sie ja auch nicht mit dem Schnee diskutieren und verlangen, daß er zur Vernunft kommt und Sie in Ruhe läßt. Sie würden alles in ihrer Macht Stehende tun, um ihm so schnell wie möglich aus dem Weg zu gehen.

Und Nichtstun ist keinesfalls etwas, das Sie nur ausprobieren sollten, wenn Sie unter einem gebrochenen Herzen leiden. Es ist auch eine Grundregel bei Unstimmigkeiten im Büro, Krächen mit Ihrer Mutter und Knatsch mit Freunden und Partnern. Wenn Sie einer problematischen Situation, die sich ganz von allein wieder bereinigen wird, eine Lösung aufzwingen wollen, stochern Sie bloß in einer Wunde herum. Sehr häufig hat die Lösung gar nichts mit dem Problem zu tun. Eine

Fahrradtour oder ein Besuch bei den Pandabären im Zoo wird Ihre kleinen Meinungsverschiedenheiten eher lösen als stundenlange Debatten und Auseinandersetzungen. Dame Rose Macauley formulierte einmal folgende herrlich steife, vernünftige und typisch britische Lebensweisheit: »Es ist ein weit verbreiteter Irrglaube, daß man Dinge verbessern kann, indem man über sie redet.«

In all diesen Situationen gilt, daß das Drama sich schon von allein erledigen wird, wenn Sie sich einfach zurückhalten und sich um ihr ganz alltägliches Leben kümmern. Ja, es wird normalerweise auf seinem eigenen zornigen Scheiterhaufen in Flammen aufgehen, denn so ungern Sie auch mit anderen Menschen aneinandergeraten, umgekehrt ist es genauso. Also verkneifen Sie sich den Griff zum Telefonhörer, um noch ein *aller*allerletztes Wort loszuwerden. Tigern Sie nicht spät nachts durch die Straßen und klingeln Sie Ihren Freund nicht aus dem Bett, um ihm Blumen als Friedensangebot zu überreichen, nur weil Sie den Gedanken nicht ertragen können, daß er vielleicht nie wieder mit Ihnen spricht. Dieses ganze Verhalten ist schlicht und ergreifend überflüssig, lästig und unangenehm manipulativ.

Ich kenne den Spruch, daß Paare nicht wütend aufeinander einschlafen sollten, aber in dem verfahrenen Chaos von Beziehungskrächen läßt es sich manchmal nicht vermeiden, daß man wütend ins Bett geht; wichtig ist, sich nicht *noch wütender* schlafen zu legen. So sehr Ihnen auch danach ist, Ihre Streitereien bis ins letzte zu sezieren, solange sie nicht an der Tagesordnung sind, ist es ratsamer, die Dinge einfach mal auf sich beruhen zu lassen.

Es ist wohl nur recht und billig, wenn ich an dieser Stelle zugebe, daß Nichtstun mir sozusagen das Leben gerettet hat. Ich komme mir ein bißchen scheinheilig vor, wenn ich anderen empfehle, sich nicht zu betrinken, sich nicht vollzudröhnen oder sich hängenzulassen oder überhaupt in irgendeiner Richtung zu weit zu gehen, weil genau das, weiß Gott, zu gewissen Zeiten die Geschichte meines Lebens war. Doch ich war viel zu maßlos und strapaziös, als daß ich oder die Menschen in meiner Umgebung damit hätten leben können, und schließlich reichte es dann auch. Auch Sie haben Anspruch auf Ihre Jahre mit schlimmen Szenen und gräßlichen Katergefühlen, aber wenn Sie dann etwas älter sind – sagen wir über dreißig – und bereit sind, Verrücktheit als den von Ihnen gewählten Lebensstil aufzugeben, sollten Sie das Nichtstun lernen. Ich habe gelernt, meinen impulsiven Drang zu zügeln, über die Stränge zu schlagen, ohne auch nur einen blassen Schimmer davon zu haben, was der nächste richtige Schritt für mich wäre, und dabei habe ich festgestellt, daß ich in der Zeit, in der ich ansonsten alles nur noch schlimmer hätte machen können, tatsächlich das Kreuzworträtsel in der Sunday Times gelöst habe. Oder ich bin in ein Double Feature von Preston-Sturges-Filmen gegangen. Oder ich habe herausgefunden, wieso Fußball überall auf der Welt außer in den Vereinigten Staaten ein derart beliebter Sport ist.

In der Zeit, die ich damit verschwendet habe, alles nur noch schlimmer zu machen, hätte ich gut und gerne sechs Kinder großziehen können. Ohne Vater. Sogar ohne Kindermädchen.

Also hören Sie auf mich: Reagieren Sie nicht auf irgendwelche verrückten Gefühle, die sich in Ihrem Kopf tummeln, ehe Sie nicht zuerst versucht haben, einfach nichts zu tun. Sie werden erstaunt feststellen, daß Gefühle keine Tatsachen sind und daß Gefühle garantiert wieder weggehen. Das tun sie immer. Versprochen. Und wenn sie sich dann verabschieden – wahrscheinlich mit großer Bereitwilligkeit, falls es Ihnen gelungen ist, alles zu vermeiden, was das Ganze noch schlimmer gemacht hätte –, werden Sie sich viel, viel besser fühlen.

Wenn nichts mehr geht, sprechen Sie mit Gott

■

For when you need me I will do
What your own mother didn't do
Which is to mother you

>Sinéad O'Connor, »This is To Mother You«

■

Ob Sie's glauben oder nicht, Plaudereien mit dem Allmächtigen können wirklich ungemein guttun, auch wenn Sie nicht sonderlich gottgläubig sind. Vielleicht *gerade*, wenn Sie nicht gottgläubig sind. Denn wenn Sie keiner Glaubensrichtung anhängen, kann Beten dazu führen, daß Sie an *etwas* glauben. Und es ist gut, an etwas zu glauben. Wenn Sie so gar nicht das Gefühl haben, daß da draußen eine Kraft ist, die über den Dingen steht, wenn Sie meinen, Sie seien sich selbst und den Launen der Welt hilflos ausgeliefert, dann könnte es durchaus sein, daß Sie Ihr Leben lang häufig von tiefer Niedergeschlagenheit geplagt werden und sich einsam und verlassen fühlen. Deshalb treten Menschen irgendwelchen Sekten bei und sterben an mit Zyanid versetzter Limonade in einer Kleindiktatur in Südamerika, und deshalb gibt sich Richard Gere mit dem Dalai Lama ab. Jeder Mensch braucht etwas, woran er sich festhalten kann.

Daher wäre es vielleicht keine schlechte Idee, eine Beziehung zu einem freundlichen, gütigen Gott zu pflegen, einem, von dem Sie glauben können, daß er auf Ihrer Seite steht. So gern ich auch Madonnas Hinwendung zur Kabbala und Courtney Loves neue Liebe zum Kundalini-Yoga mißbilligen möchte, ich muß zugeben, daß die beiden als Folge dieser Aktivitäten zufriedener und ruhiger wirken. Damit will ich nicht sagen, daß Sie in die Kirche, Synagoge oder Moschee gehen müssen – aber vielleicht hilft Ihnen ja irgendwas davon, besser zu schlafen. Ganz sicher will ich damit nicht sagen, daß Sie »Die Prophezeiungen von Celestine« oder irgendwas aus dem umfangreichen »Œuvre« von Deepak Chopra lesen sollten – ehrlich gesagt, ich würde einen gewaltigen Bogen um diesen Kram machen.

Sie sollten sich bloß nach Kräften bemühen, in sich selbst die Fähigkeit zu Hoffnung, Barmherzigkeit und Freude zu finden, die Fähigkeit zu phantastischen Möglichkeiten, die sich Ihnen nur dann eröffnen, wenn Sie den Gedanken an einen größeren Zusammenhang bejahen, der Ihre täglichen Alltagskümmernisse und -ärgernisse banal erscheinen läßt, was sie ja auch sind. Außerdem, wenn Sie mit Gott darüber sprechen, was Sie vom Leben erwarten und wie beschissen Sie sich aus dem einen oder anderen Grund fühlen, werden Sie vermutlich merken, daß es Ihnen schon besser geht. Ich könnte Ihnen nicht sagen, wieso das so ist, aber bei mir funktioniert es, und ich bin nun wirklich eine ernsthafte Skeptikerin.

Der Gedanke, mir ein Repertoire an göttlichen Anrufungen zuzulegen, kam mir, als ich vor einigen Jahren einen Artikel in »Newsweek« über die praktische Wirksamkeit des Gebets las. Da wurde berichtet, daß man unter nahen Angehörigen von Menschen, die an Krebs oder einer anderen tödlichen – wenn auch möglicherweise heilbaren – Krankheit litten, eine Untersuchung durchgeführt hatte. Die eine Gruppe in der Untersuchung betete jeden Tag für die Seelen ihrer Lieben, und die andere Gruppe tat das nicht. Wie sich herausstellte, hatten diejenigen Patienten, für die gebetet worden war, eine beträchtlich höhere Genesungsrate als diejenigen, die bloß Besuche und Blumensträuße bekamen.

Ein vielleicht noch interessanteres Ergebnis ist, daß die Gruppe der Betenden in sich unterteilt war – die eine Hälfte äußerte spezifische Wünsche (zum Beispiel, daß ihre Lieben wieder gesund werden sollten), während die andere Gruppe sich lediglich meditativ an Gott, oder woran auch immer sie glaubten, wandte und lediglich sagte: »Dein Wille geschehe.« Den Angehörigen von den Betenden der zweiten Gruppe erging es besser als denen von der ersten. Womit ich sagen will, simples Zutrauen in den Wunsch der Welt, nach einer von Instabilität und Schmerz geprägten Zeit zu Ausgewogenheit zurückzukehren, simples Vertrauen darauf, daß es der Wille Gottes ist, für Sie und die Ihren zu sorgen – der Glaube allein wird Ihnen helfen.

Nur darum zu bitten, daß der Wille Gottes so geschehe, wie er für Sie vorgesehen ist – was ja auf den ersten Blick lächerlich scheint, denn wenn Er allmächtig ist, gibt es ja ohnehin keine Alternative –, hat auch den Vorteil, daß Sie auf diese Weise darum bitten können, daß das Universum das Richtige für Sie tut, sogar wenn Sie selbst keine Ahnung haben, was »richtig« ist. Und meistens stellt sich heraus, daß das »Richtige« dann passiert, wenn Sie sich einfach selbst nicht länger im Weg stehen, wenn Sie nicht jede Chance auf Glück dadurch zerstören, daß Sie versuchen, Ereignisse zu beeinflussen, die Sie nicht kontrollieren können und nicht kontrollieren sollten. Die Teilnehmer an der »Newsweek«-Untersuchung befanden sich in einer Situation, auf die sie, wie sie sehr wahrscheinlich wußten, kaum Einfluß hatten; in einer solchen Lage ist es leicht, dem Gebet eine Chance zu geben, weil einem nichts anderes übrigbleibt.

Interessanterweise spielte es anscheinend keine Rolle, ob diese Menschen schon von vornherein religiös oder fromm waren – das Gebet machte keinen Unterschied zwischen denjenigen, die sich selbst als Gläubige bezeichneten, und denjenigen, die das nicht taten. Ob das Beten half, weil Gott wirklich existiert und sich um uns sorgt, oder ob es bloß nützlich war, weil die fraglichen Patienten stärker das Gefühl hatten, daß jemand etwas für sie tut und sie in engerem Kontakt mit der Möglichkeit ihrer eigenen spirituellen Errettung stehen, kann ich natürlich nicht sagen. Ich weiß bloß, daß Gebete irgendwie Wirkung zeigen.

Früher oder später führen alle Wege zu Gott.

Denken Sie produktiv

■

Eigentlich könnte ich ja ziemlich sauer darüber sein, was mir widerfahren ist, aber es fällt schwer, wütend zu bleiben, wenn es so viel Schönheit auf der Welt gibt. Manchmal hab ich das Gefühl, all die Schönheit auf einmal zu sehen, doch das ist einfach zuviel. Mein Herz fühlt sich dann an wie ein Ballon, der kurz davor ist zu platzen. Und dann geht mir durch den Kopf, ich sollte mich entspannen und aufhören zu versuchen, die Schönheit festzuhalten. Dann durchfließt sie mich wie Regen, und ich kann nichts empfinden außer Dankbarkeit für jeden einzelnen Moment meines dummen kleinen Lebens.

Alan Ball, »American Beauty«

■

Widerwillig muß ich zugeben, daß ich an die Kraft des positiven Denkens glaube, und wenn auch nur, weil die empirischen Beweise dafür sprechen. Bei tagtäglichen Affirmationen, Meditationen oder Mantras (welchen auch immer), könnte ich unmöglich ernst bleiben, aber es liegt doch auf der Hand, daß man sicher sein sollte, einer Sache, die man sich wünscht, auch wert zu sein oder sie zu verdienen, bevor man sie bekommt. Wenn Sie zum Beispiel denken: »Ich bin so schrecklich, ich bin überhaupt nicht liebenswert, welcher Mann wird mich je wollen?« – wie ich das bekanntermaßen getan habe –, besteht die ziemlich hohe Wahrscheinlichkeit, daß Sie diese Vorhersage bis zum bittern Ende durchziehen. Sich selbst erfüllende Prophezeiungen sind nun mal leider als Tatsache belegt. Demnach ist man nach Expertenmeinung und nach Meinung all der zufriedenen Menschen auf der Welt – diejenigen, die es wissen müssen – nur so glücklich, wie es die eigenen Erwartungen sind. Anscheinend muß man nicht erst sehen, dann glauben, sondern umgekehrt: erst glauben, dann sehen.

Es versteht sich von selbst, daß Ihre Gedanken schweifen werden, wohin sie wollen: Sie malen sich Milleniumskatastrophen aus; Sie stellen sich einen Körper vor, an dem jeder Quadratzentimeter Haut mit Cellulitis bedeckt ist. Sie haben die Horrorvorstellung, daß Sie noch einmal als Brautjungfer herhalten müssen, wieder in einem knallpinkfarbenen Kleid mit Puffärmeln, das Sie ja, wie die Braut beteuert, später zum Cocktailkleid abändern lassen können. Sie sind überzeugt, daß die Universität Ihrer Wahl Sie nicht annehmen wird und daß Sie Ihr Berufsleben als Sachbearbeiterin fristen werden. Anders ausgedrückt, Sie werden sich einreden, daß all die Variablen in Ihrem Leben sich niemals zu einem harmonischen Ganzen zusammenfinden und daß Sie stets unzufrieden und bemitleidenswert sein werden.

Nun seien wir mal ehrlich: Einige oder alle oben erwähnten Widrigkeiten sind durchaus möglich. Aber wenn man über Gebühr darüber nachdenkt, macht man das Mögliche doch nur wahrscheinlicher. Außerdem, all Ihre Sorge im Hinblick auf die Zukunft – oder Ihre Reue im Hinblick auf die Vergangenheit – ist verheerend für die Gegenwart. (Ich habe mal den Ausspruch gehört, wenn man ein Bein in der Vergangenheit und das andere in der Zukunft hat, pinkelt man aufs Hier und Jetzt.) Wenn Sie jeden einzelnen Anlaß zur Sorge systematisch unter die Lupe nehmen, kann es zwar sein, daß Ihre Angst vorübergehend ein wenig nachläßt, doch Ihrem müden und hyperaktiven Verstand können Sie nur dadurch wirklich Erleichterung verschaffen, indem Sie einfach damit aufhören. *Hören Sie einfach auf!* AUFHÖREN! Einfach so. Verbannen Sie derlei Gedanken aus Ihrem Hirn, behandeln Sie sie wie Marodeure vor Ihrer Tür: *Lassen Sie sie nicht rein.* Sie sind geistige und emotionale Krankmacher, wie Viren, die den Körper schwächen. Also schützen Sie sich selbst, und bleiben Sie hart.

Diese Empfehlung gilt übrigens für jeden Lebensbereich. Vielleicht übermannt Sie immer wieder das Gefühl, daß Sie, sagen wir, ein absolut hoffnungsloser Fall sind, daß Sie eines Tages von einem Irren ermordet werden, den Sie spät nachts in einer Bar aufgegabelt haben, daß Teile Ihres Körpers überall in der Stadt in Mülltonnen gestopft werden, und daß keiner überhaupt merkt, daß Sie tot sind, bis die Miete fällig ist. Auch wenn nicht einmal Hypnose, Medikamente und jahrelange Therapie diese nagende, tückische Angst aus Ihrem Unterbewußten verdrängen könnten, lassen Sie sich nicht auch noch auf einer bewußten Ebene von ihr fertigmachen: Schlagen Sie sie sich aus dem Kopf. Sie ist nämlich schlicht und ergreifend absurd. Und Sie müssen es sich einfach zur Ganztagsaufgabe machen, sich nicht von Ihrer negativen Selbsteinschätzung zermürben zu lassen. Denn selbst wenn Sie zu den weniger als einem Prozent von Menschen zählen, für die sich dieses Schicksal bewahrheitet, müssen Sie trotzdem so tun, als wäre dem nicht so. Und wenn Sie lange genug so tun als ob, werden Sie irgendwann selbst dran glauben. O ja, das werden Sie.

Und dann wird sich manches ändern. Selbst wenn es Ihnen bestimmt war, ein elendes Leben zu führen und schließlich eines schrecklichen Todes zu sterben, können Sie durch Ihren neu gefunden Glauben an sich selbst dieses Schicksal abwenden. Sie müssen sich das so vorstellen: Wenn Sie die Flugbahn des Projektils, das Ihr Leben ist, nur um einen Grad abändern, macht das zunächst gar keinen so großen Unterschied. Aber wenn das Projektil auf dieser leicht abgewandelten Bahn monate- und jahrelang weiterfliegen kann, wird es sich bald an einer völlig anderen Stelle befinden als ursprünglich vorgesehen. Das Ergebnis ist ein gänzlich unvorstellbar anderes, so, wie die leichten Zeitverschiebungen in dem Film »Lola rennt« einen jeweils anderen Schluß bedingen. Wenn Sie das, was Ihnen Ihrer Überzeugung nach widerfahren wird, auch nur ein *kleines bißchen* modifizieren – zum Beispiel, wenn Sie anfangen zu glauben, daß eine ganze Menge Menschen Sie schrecklich vermissen wird, nachdem Sie von einem Irren ermordet wurden, den Sie nachts in einer Bar abgeschleppt haben –, wird schon das den Verlauf Ihres Lebens neu bestimmen, Stückchen für Stückchen, bis es ein ganz anderes ist.

Es ist unnütz, immer davon auszugehen, daß Sie zu den Menschen zählen, gegen die sich alles im Leben verschworen hat. Und wenn Sie glauben, daß diese geringe Selbstachtung ein Merkmal Ihres bescheidenen Charakters und fehlenden Hochmutes ist, dann täuschen Sie sich. Der Glaube, daß Ihr Leben ein grausames Debakel sein wird, zeugt von einer egoistischen, ja egozentrischen Weltsicht und besagt, daß Sie meinen, anders zu sein als alle anderen. Ob Sie sich nun für besser oder schlechter halten als alle anderen, spielt keine große Rolle: In jedem Fall haben Sie sich und Ihr Leben von den Regeln gelöst, die für den Rest der Menschheit gelten. Vielleicht fühlt es sich sogar manchmal so an, als wäre dem so, aber das stimmt nicht. Ich meine, wieso sollten denn ausgerechnet *Sie* zum Unglück verdammt sein? Was an *Ihnen* ist denn so schauerlich böse, daß Sie nie die Zufriedenheit finden können, nach der Sie sich sehnen?

Wenn es den meisten Menschen gelingt, zu heiraten, Kinder zu bekommen, einen Arbeitsplatz zu behalten, Steuern zu zahlen und was sonst noch alles, dann gibt es keinen Grund zu der Annahme, daß diese Dinge sich nicht auch bei Ihnen zu gebührender Zeit einstellen werden. Falls Sie nun große, kühne Träume hegen – Sie möchten die nächste Madame Curie werden, Sie möchten malen wie Georgia O'Keeffe oder schreiben wie Emily Brontë –, dann brauchen Sie wahrscheinlich eine Prise Genie und müssen ordentlich lernen und üben, um das hinzukriegen. Doch die meisten von uns haben weit schlichtere, einfachere – und schönere – Wünsche und Sehnsüchte. Für die meisten von uns reicht es schon, sich einfach des Lebens zu freuen. Und das ist nicht wenig.

Genießen Sie Ihre Jahre als Single

■

Je ne regrette rien

                                                Edith Piaf

■

Hüten Sie sich, die Jahre zwischen Studium und Heirat – und ich hoffe, wir reden hier von *Jahren* und nicht Monaten oder, Gott bewahre, Tagen – als ein einziges langes Vorspiel zum wirklichen Leben zu betrachten. Um es noch deutlicher zu sagen, hüten Sie sich, die Jahre zwischen Kindergarten und Heirat, zwischen dem Verlust Ihrer Jungfräulichkeit und Heirat – also im Grunde zwischen jedem beliebigen Meilenstein und dem Tag Ihres Ehegelöbnisses – als ein Leben in der Vorläufigkeit zu betrachten. Glauben Sie nicht, das einzige Ziel des Single-Daseins sei die Ehe. Männer denken nicht so, und Sie sollten das auch nicht. Ihre Jahre als Single sind nämlich extrem wichtig, so wichtig, daß Sie sie nicht gegen das Taj Mahal oder den Hope-Diamanten oder irgendwas anderes eintauschen sollten –, und lassen Sie sich von Ihrer Großmutter nichts Gegenteiliges einreden.

Und leider gibt es außer Ihrer Großmutter noch viele

andere Menschen, die Ihnen Gegenteiliges einreden werden, und die sollten prompt mit der nächstbesten greifbaren Waffe von ihrem Elend erlöst werden. Denn solche Menschen sind nur zu dem einzigen Zweck auf diesem Planeten, Sie und alle anderen mit ihrem gesunden Menschenverstand zu verunsichern: Indem sie sich Ihre Ängste zunutze machen, können sie erstaunlich überzeugend wirken. Diese Menschen sind böse. Tatsächlich erweisen sämtliche Handlanger einer Kultur, die jungen Frauen einredet, daß sie schnellstmöglich zum Traualtar hasten sollten, solange ihr Körper noch zart und ihre Haut noch straff ist, diesen jungen Frauen einen wahren Bärendienst.

Denn wenn Sie zu jung heiraten, werden Sie manches nie wissen. Sie werden nie wissen, was für Liebhaber Sie hätten haben können – es sei denn, Sie lassen sich auf Seitensprünge ein – und was für eine einzigartige Persönlichkeit Sie als Einzelmensch entwickelt hätten und was für verruchte, flotte Outfits Sie getragen hätten – auch außerhalb des Schlafzimmers –, weil Sie ja eine nette, verheiratete Lady sind, ein ganz braves Mädchen. Selbst wenn Sie mit Ihrem Mann glücklich sind und ihn für das Größte seit der Erfindung von Milchreis halten, werden Sie nicht wissen, was Sie verpaßt haben. Denn in einer Welt, die zwischenmenschliche Neugier fördert, können Sie sich dieser Tendenz nicht entziehen. Wir leben nicht mehr im neunzehnten Jahrhundert. Menschen verbringen nicht mehr in einer Vision romantischer Blässe à la Thomas Mann lange Phasen ihres Lebens in Sanatorien und siechen lungenkrank dahin. Menschen sterben nicht mehr jung und schön an Schwindsucht und Auszehrung. Wenn wir nette alte Ladys sind, wird die durchschnittliche Lebenserwartung mittlerweile auf zweihundert Jahre gestiegen sein, wir werden in Wohnanlagen auf dem Mond leben und uns nur von Ovomaltine und Instantlimonade ernähren. Eingedenk dieser Situation scheint es ratsam, bei der Auswahl des Mannes, mit dem Sie Ihre schwerkraftfreien alten Tage verbringen möchten, mit Bedacht vorzugehen. Heutzutage ist »bis daß der Tod euch scheidet« eine *sehr* lange Zeit, und trotz der hohen Scheidungsraten glaube ich dennoch, daß wir alle am liebsten nur einmal heiraten würden. Da ist es keine schlechte Idee, sich zunächst einmal ein winziges bißchen selbst kennenzulernen, bevor man versucht, mit jemand anderem zu verschmelzen.

Nun weiß ich, daß Sie sich nach sechzehn Beziehungen und sechzig One-Night-Stands so ganz allmählich fragen werden, wann – oder ob – das je aufhört. Aber Sie müssen durchhalten; Sie müssen die Unsicherheit so gut es geht genießen; fragen Sie nicht wieso, glauben Sie mir einfach: *Sie müssen.* Irgendwo in dem Trümmerberg, den Sie für den Rest Ihres Lebens anhäufen, hat jedes falsch gelaufene Rendezvous einen Sinn, jede miese sexuelle Begegnung, bei der der Typ Ihre Klitoris mit einem Fahrstuhlknopf verwechselte und Sie einen Orgasmus vortäuschten, nur um das Ganze schnell hinter sich zu bringen; irgendwann, das schwöre ich, werden Sie diese Erlebnisse wie Punkte auf einer Tabelle miteinander verbinden können, und die deutliche Linie, die Ihr Leben ist, wird klar und unvermeidlich aufscheinen – dann können Sie all diese Geschehnisse als das sehen, *was sie nun mal waren*, und erkennen, daß es gar nicht anders hätte laufen können.

Aber irgendwann, wenn Sie wieder mal einen

schmuddeligen Sonntagmorgen mit trockenem Mund und üblen Kopfschmerzen und angeschlagener Erinnerung erlebt haben, wünschen Sie sich vielleicht, daß Sie schon bei Ihrer Geburt mit dem Jungen von nebenan verlobt worden wären. Vielleicht denken Sie dann, daß Sie sich mit dem nächsten Trucker zusammentun sollten, der Ihnen hinterherpfeift. Es könnte Ihnen so vorkommen, als wäre jeder Mann, den Sie kennenlernen, Ihre letzte Gelegenheit, der einzige Mensch, der in der Nacht des Luftangriffs den Weg zu dem einzigen noch geöffneten Schutzraum kennt. Es könnte Ihnen so vorkommen, als wäre jeder Mann, dem Sie begegnen – der Metzger, der Postbote, der Typ, der Ihnen jeden Morgen in der U-Bahn gegenübersitzt, der Schulfreund Ihres fünfzehnjährigen Bruders –, der einzige Mensch, den Sie nicht schon kennengelernt, mit dem Sie nicht bereits eine öde, langweilige Nacht verbracht haben. Aber das stimmt nicht. Man ist niemals zu alt, zu übersättigt, zu müde und zu verbraucht von der Welt, als daß man sich nicht wieder jung, verträumt, verblüfft und überrascht vom Leben und von der Liebe fühlen könnte. Sie sollten nicht gerade, fünf Minuten bevor dieses Wunder geschieht, alle Hoffnung fahren lassen.

Und außerdem: *Sie müssen es drauf ankommen lassen.* Sie müssen es sogar darauf ankommen lassen, daß Sie niemals jemanden zum Heiraten finden werden. Das wird nicht der Fall sein, nebenbei bemerkt, aber Sie sollten lieber mit dieser Möglichkeit leben, als sich vor dem Leben verstecken. Es macht nämlich Spaß, Single zu sein und allein in einem Haus oder einer Wohnung zu wohnen, in den eigenen vier Wänden, eingerichtet mit Ihrem Lieblingströdel vom Flohmarkt und mit Orientteppichen, die Sie selbst aus der Türkei mitgebracht haben. Und es macht Spaß, allein in die Türkei zu reisen – oder nach Tasmanien oder Ibiza oder Montana oder Montenegro. Es macht Spaß, fast alles allein zu machen: zum Fünf-Uhr-Tee ins Ritz zu gehen, früh morgens eine Illustrierte zu lesen und im Bett zu frühstükken. Es macht Spaß, allein durch Chelsea zu spazieren, allein auf dem Portobello Market einzukaufen, allein durch Camden zu schlendern, allein auf das furchtbar verschmutzte Wasser der Themse zu schauen, sich allein die Gainsboroughs in der Tate Gallery anzusehen, allein durch den Lake District zu fahren, allein an Silvester die Dictators in irgendeiner Spelunke spielen zu sehen. Ehrlich.

Es wäre natürlich weniger amüsant, *all* diese Dinge *immer* allein zu machen, weshalb auch Single-Frauen für Theaterbesuche Freunde und Geliebte haben oder einen Begleiter vom Eskortservice engagieren dürfen. Und eines ist klar, ich halte es für genauso unklug, Kinder allein großzuziehen wie mutterseelenallein den Mount Everest zu besteigen – weshalb letzteres ja auch nach nepalesischem Gesetz verboten ist. Aber Sie sollten – wie jedes menschliche Wesen auf diesem Planeten, wie wir alle, die wir das Schicksal tragen, allein geboren zu werden und letztlich allein sterben zu müssen – die Fähigkeit kultivieren, Ihre eigene Gesellschaft zu genießen. Von ganzem Herzen zu genießen. Wenn Sie nicht lang genug stillsitzen können, um für sich allein ein Buch zu lesen, während Sie in irgendeinem lauschigen Café einen Cappuccino schlürfen, oder wenn Sie meinen, sich einen Film solo anzusehen wäre nur etwas für kunstbeflissene Tussis mit schwarzen Baskenmützen und großspurigem Auftreten, dann haben Sie ein paar ernste Probleme. Sie sollten einsehen, daß Sie, solange Sie Ihre alberne Unfähigkeit, auf diese absolut angemessene Weise allein zu sein, nicht überwunden haben, völlig ungeeignet für die Zweisamkeit der Ehe sind. Im übrigen sind Sie dann auch für nicht viel anderes geeignet, und Sie sollten sich vermutlich zwingen, mehrmals wöchentlich einige von diesen Solo-Aktivitäten zu pflegen, bis sie Ihnen so vertraut sind wie ein Kreis von Freunden.

Im Grunde will ich damit eigentlich nur sagen: Denken Sie erst dann ans Heiraten, wenn Sie sicher sein können, daß Sie Ihre Kleinmädchentage als weinerliche, bedürftige Nervensäge hinter sich gelassen haben. Solange Sie nicht die faszinierende, hinreißende Person geworden sind, mit der *Sie* gerne den Rest *Ihres* Lebens verbringen würden, halsen Sie Ihre unklare und unausgereifte Existenz niemand anderem auf.

Und denken Sie an das, was ich immer wieder sage: Die Frauenbewegung ist nicht entstanden, um uns das Leben schwerzumachen und unser glückliches Familienleben zu zerstören. Sie ist entstanden, weil Frauen Zeit wollten und brauchten, um allein zu sich selbst zu finden. Trotz all der tristen Nachteile, mit denen Sie sich als Single-Frau auseinandersetzen müssen – der Liebeskummer und schlechte Jobs und feuchte, dunkle Einzimmerwohnungen in trostlosen Gegenden –, ist das Abenteuer es wert, gelebt zu werden, ist es die Mühe wert. Und all diese jugendlichen Unbedachtheiten – was wäre das Leben denn ohne sie? Übernehmen Sie nicht von anderen irgendwelche Moralvorstellungen oder Binsenweisheiten zu Verhaltensweisen, die Sie vermutlich irgendwann bereuen werden: Es versteht sich fast von selbst, daß Sie sich, falls Sie mit gesundem Menschenverstand ausgestattet sind, eines Tages selbst für leicht verrückt halten werden, weil Sie nackt im »Playboy« posiert haben, weil Sie sich durch die Universität gestrippt oder den Heiratsantrag von Prince Charles abgelehnt haben. Na und? Das müssen Sie selbst entscheiden. Sie sollten an Ihrer eigenen Idiotie Gefallen finden, denn es kann sein, daß Sie mitunter meinen, nichts anderes zu haben.

Zudem kommt es nur ganz selten vor, daß das Leben von Menschen durch die Dummheiten zerstört wurde, die sie in jungen und dußligen Jahren angestellt haben (Princess Diana ist da vielleicht die krasse Ausnahme). Nehmen wir zum Beispiel Vanessa Williams: Sie ist die einzige Miss America, deren Karriere in der Unterhaltungsbranche nicht mit einer Tiara auf dem Kopf und einer Schärpe quer über den Leib endete – oder damit, daß sie Reklame für Orangensaft machte oder den Moderator einer Gameshow heiratete. Natürlich wurde Ms. Williams entthront, als das »Penthouse« ein paar sapphische Fotos von ihr veröffentlichte, die entstanden, als sie neunzehn war und sich mit Männlein und Weiblein amüsierte. Aber kaum jemand kann sich heute noch an diese Zurschaustellung erinnern – oder an ihre nun wirklich peinlicheren Tage als Schönheitskönigin –, weil ihr Leben weiterging. Und ich zweifele nicht daran, daß Vanessa Williams' öffentliche Persona sich gerade deshalb interessant weiterentwickelt hat, weil sie sich privat tatsächlich richtig ausgelebt hat – und weil sie wußte, wie man einfach aufsteht und weitermacht. Und eigentlich ist *das* der entscheidende Punkt im Leben:

Man muß die Würde haben zu gehen, bevor sie einen davonscheuchen. (Selbst Richard Nixon verfügte über diese kleine Charakterstärke.)

Ein Mensch, der sich töricht verhält, endet nicht zwangsläufig mit einem limitierten und belanglosen Leben – im Gegenteil: Das elende Geschick, nie etwas zu erleben, bleibt denjenigen vorbehalten, die nie etwas tun. Also, machen Sie Dummheiten, und machen Sie sie ungestraft. Verbringen Sie Ihre Nächte heulend auf dem Badezimmerboden, und kratzen Sie, so ekelhaft es auch ist, am nächsten Morgen in aller Herrgottsfrühe auf den weißen Fliesen die kümmerlichen Reste Kokain zusammen. Schlafen Sie mit verheirateten Parlamentsmitgliedern. Mit männlichen und weiblichen. Blicken Sie mit einem lachenden Auge zurück auf Ihre Jugendsünden.

Nur lassen Sie diese Phase irgendwann hinter sich. Das Schlimmste ist, diese Dinge zu tun, wenn Sie nicht mehr jung genug sind, um sie mit so etwas wie Anmut abzuschütteln, das Schlimmste ist, betrunken zu enden, tot, über die Leitplanke und gegen einen Baum, wenn Sie zweiundfünfzig sind und schon viel zu alt, um in einem knallroten Sportkabrio herumzufahren, das Sie sich selbst zum Geburtstag geschenkt haben, als Sie das halbe Jahrhundert vollendeten – zur sprachlosen Beschämung Ihrer schon entfremdeten und verständnislosen Kinder im Teenageralter. Ein derartiges Verhalten umschreibe ich gern als die Annäherung an die Lebensmitte aus der falschen Richtung, und das ist das einzige, wovor Sie sich wirklich fürchten sollten.

Lernen Sie derweil etwas von Rickie Lee Jones, die früher einmal mitten im jugendlichen Katastrophengebiet lebte, vor allem während ihrer Zeit als die eine Hälfte eines Paares mit Tom Waits, als beide bloß zwei Junkies auf dem besten Weg zum goldenen Schuß waren. Irgendwie ist Ms. Jones eine bemerkenswerte Rückkehr in die Welt der Genesenen gelungen – übrigens, es ist nicht nötig, so viele Fehler zu machen wie Ms. Jones, um erwachsen zu werden –, und schließlich wurde sie häuslich und bekam ein Kind. Als Tochter Charlotte auf der Welt war, schrieb Ms. Jones einen Song mit dem Titel »The Horses«, voller Verheißungen auf einen sicheren Zufluchtsort vor den Wechselfällen des Lebens und auf viele wilde Ausritte. »That's the way it's gonna be little darlin'/We'll be riding on the horses, yeah/Way up in the sky, little darlin'/And if you fall I'll pick you up, pick you up«, singt sie, und bei ihr hört sich Mutterschaft nach sehr viel mehr Spaß an, als sie das für meine Mom je war. Der Song endet mit den einzigen Worten, von denen Sie hoffen sollten, daß Sie sie eines Tages zu Ihren Sprößlingen sagen können: »And when I was young/When I was young/And when I was young, oh I was a wild, wild one.«

Aber kommen Sie irgendwann zur Ruhe

▪

And in the end
The love you take
Is equal to the love you make

> John Lennon und Paul McCartney, »The End«

■

Kommen Sie irgendwann zur Ruhe. Weil es schön ist, eine Familie zu haben.

Nachdem Sie sich von dem teuersten Waterford-Kristallüster geschwungen haben, den es überhaupt gibt; nachdem Sie die Doppelerniedrigung erlebt haben, mit Ihrer Weitaus-weniger-attraktiven-besten-Freundin betrogen und wegen ihr sitzengelassen worden zu sein oder und wegen Ihrer Viel-schlecher-qualifizierten-Konkurrentin rausgeschmissen worden zu sein; nachdem Sie den Balkan bereist haben, mit bloß ein paar Brocken Schulfranzösisch, um es von einer Jugendherberge zur nächsten zu schaffen; nachdem Sie – und das ist die *schwierigste* Herausforderung – *nur ein einziges Mal* an Silvester wirklich gut gelaunt waren, ohne daß Sie eine Beziehung hatten und ohne daß Sie so betrunken oder high oder überdreht waren, daß Sie auf der überfüllten und engen und lauten und verräucherten Party irgendeines Fremden aus dem Fenster gekotzt haben – also mit ein paar wirklich guten Freunden einen relativ ruhigen Abend verlebt haben; nachdem Sie diese Dinge getan haben, so daß Sie zwischen Übersättigung und Sättigung sogar gelegentlich den Zustand der Gnade erreichen konnten, dann sind Sie soweit, es gut sein zu lassen. Genug ist genug. Sie haben erfolgreich das Spießrutenlaufen des Singlelebens hinter sich gebracht, und jetzt ist es an der Zeit, Ihren Sack mit den Partygeschenken zu nehmen und weiterzuziehen. Sie waren lange genug Single. Sie möchten ja Ihr Leben nicht als ständige Abfolge von Wiederholungen gestalten, also Schluß mit den Neuauflagen. Genug davon. Es ist an der Zeit, zur Ruhe zu kommen. Also suchen Sie sich einen guten Mann, und tun Sie's einfach.

Einfach so.

Und keine Bange. Wenn Sie gut und bereit sind – wobei *gut* und *bereit* hier die Worte sind, auf die es ankommt –, taucht der richtige Mann schon auf. Er tut's einfach. Ungeplant, aber völlig erwartet, wie Löwenzahn, der aus dem Rasen wächst, ist er auf einmal da. Sie brauchen keine Bücher wie »Die Kunst, den Mann fürs Leben zu finden« oder »Soviel Liebe, wie du brauchst« oder sonst was in der Art, weil er einfach irgendwie auftauchen wird. All Ihre Träume und Strategien, und dann ist er auf einmal da, jemand ganz anderes und irgendwo anders und etwas ganz anderes. *Das Leben ist das, was passiert, während Sie gerade damit beschäftigt sind, andere Pläne zu schmieden.* Und wenn Sie sonst nichts aus der Lektüre dieses Buches ziehen, dann hoffentlich wenigstens die Einsicht, daß das Leben, wenn Sie auf sich selbst achten und Ihren Garten pflegen, wie Voltaire es uns allen aufgetragen hat, seinen Teil tun und sich um Sie kümmern wird. Ja, das einzige, was ich oder irgendwer sonst bieten kann, ist ein wenig Trost, bis Sie diesen Ort der Ruhe erreichen – einen Ort, zu dem Sie mit oder ohne irgendwelche klugen Ratschläge irgendwann gelangen, weil der Strom des Lebens Sie dorthin treiben wird. Ob Sie sich dafür entscheiden, herumzustrampeln und zu schreien, oder es sich lieber so leicht wie möglich machen, das sind die einzigen Variablen, die es in diesem Fall gibt.

(Als eine, die es sich die ganze Zeit so schwer wie nur eben möglich gemacht hat, liegt es mir fern, anderen zu empfehlen, einen langweiligeren, sanfteren Weg einzuschlagen.)

Und wahr ist, wenn Sie bereit sind, sich einzurichten und zur Ruhe zu kommen, ist es schwierig, Ihrem Lebenspartner *nicht* zu begegnen. Dann liegt die Herausforderung in den Millionen Fußangeln, die Sie sich selbst stellen, um diese Unausweichlichkeit zu vereiteln, um das wahre Glück aufzuhalten, das Ihnen von allen Seiten zuwinkt. Es kann durchaus sein, daß die Versuchung, vor dem wegzulaufen, was Sie sich immer erhofft, worum Sie gebetet und wonach sie sich gesehnt haben – vor allem dann, wenn Glück für Sie immer etwas Fremdes war –, angesichts der wahren Liebe Ihr erster und vordringlicher Impuls ist. Aber da müssen Sie sich einfach zusammenreißen. Verschieben Sie Freude nicht auf später, leugnen und verzögern Sie sie nicht. Denn ab einem gewissen Punkt sind Sie tatsächlich so total im Eimer, daß Sie den unvermeidlichen glücklichen Fluß des Lebens aufhalten *können*, daß Sie tatsächlich Dinge tun *können*, die Sie endgültig kaputtmachen, und dann werden Sie zu einem jener einsamen, unglücklichen Menschen, die keine Beziehung halten können und ganz allmählich immer tiefer ins mittlere Alter kriechen, immer unfähiger zu lieben und immer stärker gefährdet, allein zu leben und zu sterben. Ich sage das nicht, um Sie in Panik zu versetzen – Sie haben noch viele Jahre und Gelegenheiten vor sich, bevor Sie diesen Punkt erreichen –, aber wenn Sie Ihre Tage als Single-Frau ausgekostet haben und ein guter Mensch kommt des Weges und bietet Ihnen sein Herz an und Sie haben nichts Besseres zu tun, als es zu Hackfleisch zu verarbeiten, dann sind Sie kurz davor, ein *wirklich gestörter Mensch* zu werden, im Gegensatz zu einer Frau, die sich noch weiterentwickelt und Ihren Weg sucht. Dann werden Sie das bekommen, was Sie verdienen, und das wird keineswegs hübsch, niedlich oder charmant sein.

Und dazu besteht kein Grund.

Während der vereinzelte Isaac Newton unter uns glücklich und zufrieden unter dem Apfelbaum leben kann, ohne daß ihm eine von den Andrew Sisters oder sonst jemand Gesellschaft leistet, wird die abstrakte Schönheit der Gaben, die die Welt uns zu bieten hat, den meisten von uns überhaupt nichts bedeuten, wenn niemand da ist, mit dem wir sie teilen können. Das Kitschige von lila-rosa Sonnenuntergängen und die Klarheit des nächtlichen Sternenhimmels und die jungfräuliche Reinheit von weißem, weißem Schnee und die halluzinatorische Lust an rotem, rotem Wein sind einsamer als ein Song von Roy Orbison, wenn man ganz allein ist. Sie müssen den Dingen Zeit lassen und sich Zeit lassen und all die anderen Sachen machen, die Sie, wie ich Ihnen gesagt habe, zuerst machen sollten, um für die richtig große Liebe bereit zu sein, die das Leben für Sie vorgesehen hat, aber früher oder später werden Sie Ihren ganz besonderen Menschen finden müssen.

Es gibt Ausnahmen von dieser Regel, aber mir sind noch keine begegnet. Die meisten von uns brauchen die Konventionen von Partnerschaft, Familie und Stabilität, um glücklich zu sein. Nur wenige von uns, die durch dieses Leben gehen, ohne sich mit Leib und Seele und Herz und Geist hinzugeben, wie man sich nur der wahren Liebe und den Nachkommen, die man hervorbringt, hingeben kann, werden die selbstsüchtige Freude der Selbstlosigkeit kennenlernen.

Und ich denke, eines der wichtigsten Privilegien, die mit Familie einhergehen, ist die Erfahrung, daß man, wenn man Glück hat, so sehr liebt, daß es fast weh tut. *Weh* bedeutet übrigens nicht das gleiche wie *Schmerz*: Schmerz ist etwas Schreckliches, und in unseren Jahren als Single werden viele von uns ihn viel zu gut kennengelernt haben, werden viele von uns es viel zu oft erlebt haben, daß unsere schönsten und zartesten und kostbarsten Gefühle von wertlosen Objekten mißhandelt wurden, die uns voller Schmerz zurückließen. Auch wenn heutzutage gern behauptet wird, unerfüllte Liebe sei eine Illusion, eine eingebildete Fehlinterpretation von Schwärmerei oder Bedürftigkeit, so halte ich das doch für falsch: Ich glaube, daß man schlicht und ergreifend den falschen Menschen lieben kann und daß das ganz einfach furchtbar schmerzt, und der unglückselige Schmerz, den diese Liebe auslöst, ist zwar häufig das Ergebnis fehlgeleiteter Zuneigung, aber er ist kein Zeichen dafür, daß es nicht »wahre« Liebe war. Es war eben schlechte Liebe.

Aber Liebe, die weh tut – das ist etwas ganz anderes. Eine solche Liebe steht dafür, sich mit Menschen so verbunden und so zusammengehörig zu fühlen, daß man gemeinsam in diesem Leben steckt, daß das, was ihnen passiert, einem selbst passiert. Und ich meine das nicht in einem narzißtischen oder – ich bitte um Entschuldigung – ko-abhängigen Sinne: Ich spreche von einem Gefühl von Nähe, das so real und groß und wichtig ist, daß es soviel bedeutet, daß es das *Recht* hat, soviel zu bedeuten, und Sie nicht länger allein in diesem Leben sind. Ich spreche nicht davon, daß Sie Ihre Persönlichkeit, Ihre Individualität verlieren – Ihr eigenes Denken aufgeben –, und wenn Sie lange genug allein waren, diese Aspekte Ihres Ichs wirklich entwickelt zu haben, wird das auch nicht geschehen. Ich meine damit, Ihr ganzes Selbst in den Aufbau einer Gemeinschaft einzubringen, und anstatt Ihre kostbare Zeit damit zu vergeuden, sich wegen Männern oder Menschen zu grämen, denen nicht genug an Ihnen liegt, können Sie sich ganz dem Lieben und dem Geliebtwerden widmen. Und wenn Sie Glück haben, wenn Sie den sanften, tiefen Sog dieser Art von Liebe wirklich spüren können, wird Ihnen die Erkenntnis, daß Sie mit etwas so Süßem und Zartem beschenkt worden sind, manchmal fast weh tun.

Also verzweifeln Sie nicht an den unglücklichen Beispielen aus Ihrer eigenen Kindheit, und entscheiden Sie sich dafür, eine Familie zu haben. Lassen Sie sich nicht von Furcht ins Bockshorn jagen. Ganz gleich, wieviel Mist Sie erlebt haben, als Sie noch jung waren – soviel Schlimmes, daß Sie manchmal meinen, das Beste, was Sie je erreichen könnten, wäre so viel zu *hassen*, daß es schmerzt –, ich glaube trotz allem, daß wir die Chance nutzen sollten, die gewaltige und möglicherweise verheerende Chance, daß wir dafür belohnt werden, soviel zu lieben. Wie Albert Einstein einmal gesagt hat: »Menschen, die wie wir an die Physik glauben, wissen, daß die Unterscheidung zwischen Vergangenheit, Gegenwart und Zukunft nur eine besonders hartnäckige Illusion ist.« Wenn Sie Ihre Vergangenheit durch gute Entscheidungen in der Gegenwart korrigieren, dann werden sich all die unterschiedlichen Zeitzonen in dem Augenblick, wenn sie zusammenprallen, in eine glückliche Zukunft verwandeln.

Und einer der Vorteile, die der Übergangscharakter dieser Millenniumsära mit sich bringt – ebenso wie das Aufwachsen in einer wirren Abfolge von Jahren, die zu dieser zeitlichen Apotheose hinführte – ist der, daß er eine prächtige Gelegenheit zu Neuanfängen bietet. Natürlich waren die Familienstrukturen, in die wir hineingeboren wurden, alles andere als ideal, sonst hätten sie nicht zu einer Fehlschlagquote von fünfzig Prozent geführt. Es ist fast ein politisches Problem, wenn so viele Menschen von einem gesellschaftlichen Leiden befallen sind, das man es praktisch schon als Existenzsicherung für Psychologen und Psychiater betrachtet und nicht als Geißel des öffentlichen Lebens. Doch jetzt liegt es an uns, eigene Familienformen zu entwerfen und umzusetzen. Es muß nicht so sein, wie es bei unseren Eltern war. Es muß nicht so sein, wie es immer war.

Schon die Hochzeit können wir so gestalten, wie wir wollen. Wir müssen nicht in Weiß vor den Altar treten oder unsere klugen Augen hinter einem Schleier der Unwissenheit verbergen, so elegant er auch sein mag. Wir können Schmutzigweiß tragen oder Beige oder Ekrü oder Elfenbein; wir können pseudo-unschuldige Farben tragen wie grau oder minzgrün oder pfirsichrosa oder rötlichgelb; wir können sogar Schwarz tragen – obwohl damit nur ein Klischee gegen das andere ausgetauscht würde, während man sich zugleich die seltene Möglichkeit nimmt, einmal *nicht* Schwarz zu tragen. Halten wir jedenfalls fest: Wir können tragen, was wir wollen. Wir können das ganze Brimborium auch sein lassen und durchbrennen und irgendwo heimlich heiraten, und wir können im übrigen auch diesen ganzen Hochzeitskram weglassen – schließlich handelt es sich lediglich um einen juristischen Vertrag, mit Geschenken von Selfridges als Sonderzulage – und bis ans Ende unserer Tage ohne Trauschein mit einem Partner zusammenbleiben. Wir können einfach auf unbestimmte Zeit zusammenleben und es allen anderen überlassen, sich verwundert zu fragen, wann wir es endlich offiziell machen wollen.

Und sobald wir entschieden haben, mit wem wir unser Leben teilen wollen, können wir auch in jeder anderen Hinsicht machen, was wir wollen, beispielsweise was Lifestyle und so weiter angeht. Wir müssen nicht in eine Doppelhaushälfte in einer spießigen Stadtrandsiedlung ziehen, sobald das erste Kind geboren ist; wir können mitten in der Stadt bleiben und Kinder großziehen, die Stadtmenschen und Weltbürger zugleich sind, die Kaugummikauen bovin und ekelhaft finden, die Samstag nachmittags in Kubismus-Ausstellungen und abends in Programmkinos gehen. Wir müssen unseren Töchtern keine Namen wie Ashley und Whitney geben, wie das anscheinend derzeit alle Eltern tun; wir können sie genauso gut auch Delilah und Desdemona und Jezebel nennen. Wir können uns aber auch völlig traditionell entscheiden, am Sonntagvormittag in die Kirche zu gehen und alles mit Maß und Ziel zu tun. Wahr ist, es spielt eigentlich keine Rolle, was wir tun, um unserem Leben Beständigkeit und Glück und Liebe zu verleihen. Eine Familie wird's schon richten.

Und ich muß zugeben, in meinen dunklen Stunden – wenn ich wider besseres Wissen denke, daß ich im Sumpf und im Chaos der Existenz die wahre Liebe niemals finden werde –, möchte ich gerne hoffen, daß es auch ganz in Ordnung, vielleicht sogar gut oder toll wäre, einfach allein klarzukommen. Aber so richtig überzeugt bin ich davon nicht, trotz all der schlauen feministischen Rhetorik und der fortschrittlichen dekonstruktivistischen Theorie, die mir zur Verfügung stehen. Weil ich einfach nicht daran glaube. Ich denke an die Eröffnungsszene von Wim Wenders' 1986 gedrehtem Film »Der Himmel über Berlin«, in der der Engel auf die Erde kommt, in die Fenster von Berliner Wohnungen blickt und die Einsamkeit all dieser Menschen sieht, die so nah beieinander leben, wie das in Städten nun mal der Fall ist, all die weinenden Frauen und tobenden Männer und jeder einzelne so furchtbar allein. Diese Menschen, die alle verzweifelt sind und einen Engel brauchen, der ihr Herz oder ihre Seele von dieser Trostlosigkeit befreit, sind sich räumlich so nah, und doch kennen sie einander weder, noch können sie einander helfen. Keiner von ihnen kann durch die Wand greifen, um die Einsamkeit eines anderen zu fühlen, und so betrachtet der Engel sie alle durch die Glasscheiben ihres Lebens, und er ist entsetzt über die Entfremdung, die er da sieht.

Und genau wie in dem Film gibt es überall auf der Welt Menschen, die getrennt werden, bevor sie überhaupt die Chance hatten zusammenzukommen, und es gibt Menschen, die vor Einsamkeit nicht mehr aus noch ein wissen.

Gut zu wissen, daß Sie nicht dazu zählen werden.

Alles ist möglich

For what are we
Without hope in our hearts?

        Bruce Springsteen, »Across the Border«

■

    Alles ist möglich. Versuchen Sie's. Und wenn's klappt, sagen Sie einfach: Ich hab's gewußt.

Danksagung

Danke, Zoë Glassman, für alles, und danke, Jim Glassman, daß ich bei dir Schutz vor dem Unwetter finden konnte. Danke Familie Brezinski-Feldman, daß ihr mir wider besseres Wissen eure Wohnung und eure Badewanne zur Verfügung gestellt habt. Wie immer danke ich ganz besonders Lydia Wills, Sita White und der gesamten Artists Agency für Jahre voller Geduld und Verständnis und harter Arbeit, weit über das normale Maß hinaus. Ich danke Stella Kane, Jeremy Beale und allen bei Quartet für so viel mehr, als irgendein Autor mit Recht erwarten dürfte, und das auch noch über den Ozean hinweg. Ich danke Lari Markley für Nagellack, Klugheit, Zigaretten, die Nutzung deines Küchentisches – und dafür, daß du mich immer den Film aussuchen läßt und so tust, als würde dir meine Auswahl gefallen. Gott segne alle, die mir geholfen haben, dieses Projekt zu etwas Gehaltvollerem zu machen, als ich mir je erträumt hätte. Einen großen Dank auch an die Leserinnen und Leser und Buchläden auf der ganzen Welt. Alles Liebe an Brian Mertes, dem ich natürlich sehr verbunden bin. Und ich danke all den anderen, besonders gewissen Menschen – ihr wißt schon, wenn ihr gemeint seid.